PERFECT LESSON BOOK

パーフェクトレッスンブック

ラグビー観戦が
120%おもしろくなる!

ラグビーの教科書

監修 上田泰平
（三重ホンダヒート 元ヘッドコーチ）

はじめに

ラグビーとは、身体接触を伴う、ボールを争奪するゲームですが、同時に緻密な陣地取りゲームでもあります。体重１００キロを超える選手が、全力で前に進もうとコンタクトするプレーは醍醐味のひとつです。

この30年あまりで、ラグビーは個々のフィジカルに頼る形から、組織化されたアタック、ディフェンスの戦術でプレーするスタイルに変貌してきました。フォワード、バックスの各ポジションに与えられた役割も分担化され、局面によって刻々と変化する複雑なものになっています。

また、ゲームの戦術度が上がり、プレーが機能しているため、以前のラグビーのように、試合の中での明確な優劣、チームの勢いが感じ取りにくくなっていると思います。

攻守、状況に応じて、ポジションが変わっていくので、観戦されている皆さんはフィールドで何が起こっているのか、わかりづらい面もあるとは思います。しかし、ラグビーには「原則」と呼ばれるものがあり、どの国のラグビーであっても、どのような戦術であっても、この「原則」に基づいてプレーされます。本書ではその「原則」を中心にラグビーの考え方、戦術、見方、楽しみ方を述べていきます。

世界のラグビーを統括する国際競技連盟「ワールドラグビー」によると、現在132カ国が加盟し、世界には800万人の選手、5億人を超えるファンがいるそうです。日本においては2019年に行われた「ラグビーワールドカップ2019」を契機に、再びラグビー熱は上がってきました。そして2023年はフランスで「ラグビーワールドカップ2023」が開催されます。

屈強なフォワード同士の筋肉と骨がぶつかる音を聞くだけでも、華麗にディフェンスの網をすり抜けるバックスのステップを見るだけでも、十分ラグビーのおもしろさは伝わると思います。ただ、現代のラグビーの戦術はどうなっているのか、今、アタックラインは何を考えてポジショニングしているのか、ディフェンスはどのようにボールを取り返そうとしているのかを知ることで、ラグビーを見るおもしろさが2倍、3倍と増し、興味はもっと広がります。本書が少しでもその助けになれば、と思います。

上田泰平（三重ホンダヒート　元ヘッドコーチ）

目次
CONTENTS

第2章

This is RUGBY

観戦前におさらいしたい！
ラグビーのルール

第3章

Watching

ATTACK

攻撃のツボは どこにある?

第4章

Watching DEFENSE

ディフェンス戦術をひもとく

第5章

RUGBY is Exciting

攻守。駆け引きのおもしろさ

※本書に掲載の記録、人物の略歴、チーム・選手情報などは2023年9月現在のものです。

第1章

Do you know RUGBY?

ラグビーの基礎知識を知ろう

1 「ラグビー」に抱くイメージ

「ラグビーはルールが難しい」「選手が何をしているのかわからない」という声をよく耳にします。確かに、前にボールを運びたいはずなのに、後ろの選手にパスをする、ボールを取られたくないはずなのに、自らキックをして手放してしまうなど、一見、不可思議なプレーがフィールドでは繰り広げられます。

また、ボールを持っている選手をつかんで倒す、スクラムでは相手との重量差で押し込む、15人が肉弾戦でぶつかり合うフィジカルなスポーツだと思われがちです。

ラグビーというと、楕円形のボールと、ボールより前でプレーしてはならない「オフサイド・ルール」が特徴的です。ラグビーのオフサイドは、同じルーツを持つサッカーや、他のゴールゲームのオフサイドの中でも最も厳しいルールです。アメリカンフットボールやバスケットボールなどの新しいゴールゲームが生まれ、それらのスポーツのオフサイドが、より「甘い」ことを考えると、ラグビーは最も伝統を残しているゲームと言えるかもしれません。

ラグビーは、ボールが楕円形ゆえに、キックしたボールの転がる先が自らの有利になるのか不利になるのかわからない偶発性と、ボールより前へ出られないがゆえに、後ろにいる選手にパスをしながら前へ進むという矛盾の中の戦略性に、おもしろさがあります。

加えて、相手との激しい身体のコンタクトが認められており、身体の強固さを競うという、人間の根本的な闘争心をあおる一面もあります。

グラウンド上では、自分の本性をさらけ出しながら闘争心を抱き、高い規律性をもってプレーする。自らの行動をコントロールしながらフェアプレーを尊重するところも魅力のひとつです。

また、多様性のあるラグビーというスポーツだからこそ、それぞれのアイディアを軸に創造性の高い新しい戦術が生まれることも稀にあります。

2 ラグビーのルーツをたどる

ラグビーの起源を探ると、古代ギリシャ、古代ローマ、古代中国にまでさかのぼることができると言われています。その後、中世のヨーロッパではイタリアの「カルチョ」や、フランスの「ラ・シュール」など、球状の物体を身体を使って運ぶ類似したボールゲームは、世界の各地で行われてきたことが、記録に残されています。

現代のラグビーとサッカーの直接的な原型である「民俗フットボール」や「マス（集団）フットボール」と呼ばれるゲームは、イングランドやスコットランドで、遅くとも12世紀には行われていたことがわかっています。その頃には、牛や豚の膀胱を皮で覆った楕円形のボール（膀胱自体が球形でなかったため、必然的に楕円形になった）や、「オフサイド・ルール」といったラグビーを特徴付けるものが表れています。

サッカーとラグビーの分岐点

それがさらに盛んになり、パブリックスクール（イングランドの名門エリート寄宿学校）でも行われるようになり、そのうちのひとつであるラグビースクールで１８４５年、ルールが成

カルチョ
カルチョ・フィオレンティーノ。15世紀頃からイタリア・フィレンツェで行われていたフットボールの原型。手の使用が認められており、相手選手を殴っても蹴ってもよい。現代ではカルチョの言葉自体がサッカーを指す。

ラ・シュール
フランス・ノルマンディ／ピカルディで12世紀頃から行われていたゲーム。村全体がフィールドで、手、足、スティックを使いボールを運ぶ。そのためフットボールだけなく、クリケット、野球の原型とも言われる。

文化されました。

これが記録に残っているラグビーの始まりです。その後、地域や学校によってルールが異なることが問題となり、１８６３年、フットボール・アソシエーション（ＦＡ／現在のイングランドサッカー協会）が設立され、ルールの統一化を図りました。

それまでの「フットボール」では、モール（集団）の中に飛び込み蹴り合うことが「男らしさ」「勇気」を表すプレーとみられていました。それは、オフサイドにも言え、殴られることや蹴られることを恐れて、スクラムや密集に入らない（オフサイドにいる）プレーヤーは、汚い奴、恥知らずな奴と言われたと伝わっています。

しかし、ここで論争となったのは「ボールを持って走ること」と「ハッキング（相手のすねを蹴る）」でした。この2つを認めないグループがＦＡに残り、認めるグループが脱退しました。つまり、認めなかったグループがサッカーを発展させ、認めたグループがラグビーを引き継ぎました。このようにして、サッカーはボールを持って走ること、相手とのコンタクトを禁止しました。

ラグビーは「民俗フットボール」や「マス（集団）フットボール」と呼ばれた時代からのモール、スクラムといった密集して相手とぶつかり合うことや、ボールを持って走ることを引き継

民俗フットボール
folk football 現代のサッカーとフットボールの直接的な起源とされる。イングランド、スコットランドで中世に行われていた。村、町全体がフィールドの球技。現在でも当時のまま行われている村がイギリスにはある。

マス（集団）フットボール
Mass（集団）football 民俗フットボールとほぼ同じものを示す。モブ（mob／暴徒）フットボール、ストリートフットボールとも呼ばれる。町の男性市民が2チームに分かれ、３００人対３００人のような大集団で行っていた。

「ボールの争奪」が展開されるのがラグビー

ぎました。相手へのコンタクトもタックルという形で残し、現代にまでそのフィジカルさは続いています。その代わりに、厳しいオフサイド・ルールも残っていると言えるでしょう。

サッカーとルーツを同じくするわけですから、サッカーよりもルールが難しいこともないと思います。実際に全21条からなるラグビーの競技規則は、全17条からなるサッカーの競技規則と、ルールの数はさして変わらないですし、野球の複雑なルールブックと比べると、ページ数は半分程度です。

サッカーと同じく「オフサイド・ルール」を知っていれば良いでしょう。サッカーよりも、フィジカルなスポーツであることは間違いありませんが、15人の総体重で、チームの優劣が決まるような簡単なゲームではありません。また、ボールを持っている相手には、どんなタックルを食らわせてもいい、といった粗野なスポーツでもありません。

前述した歴史において、ラグビーはサッカーと分かれたあと、１８７１年にイングランドにおいては、ラグビー・フットボール・ユニオン（イングランドラグビー協会）が設立され、国際競技連盟は、１８８６年に国際ラグビーフットボール評議会（ＩＲＦＢ／現ワールドラグビー）が生まれました。ただし、ＩＲＦＢは１９８７年までは8カ国（ウェールズ、スコットランド、アイルランド、イングランド、ニュージーランド、オーストラリア、フランス、南アフリカ）のみの加盟で、この年に第1回ラグビーワールドカップ（オーストラリア・ニュージーランド共催）を開催し、これを契機に加盟拡大路線に舵を切りました。

現在では、正式加盟１１４カ国、準加盟18カ国の１３２カ国が、ワールドラグビーに加盟しており、サッカーのワールドカップと国際サッカー連盟（ＦＩＦＡ）が持つようなブランド力を目指しています。日本も第1回ラグビーワールドカップに招待され、ＩＲＦＢに加盟しました。

ラグビー日本代表の躍進

日本代表は、２０２３年の第10回フランス大会まで、10大会連続10回出場です。第２回以降は、アジア予選を勝ち抜き、出場していましたが、２０１１年大会まではワールドカップ本戦では、24試合1勝21敗2分。唯一勝ったのは１９９１年大会の1次リーグ、ジンバブエ戦のみでした。

しかし、２００３年ワールドカップで母国オーストラリアを準優勝に導いたエディー・ジョーンズ氏が、２０１２年にヘッドコーチに就任。自ら日本にルーツを持ち、サントリーサンゴリアス（現東京サントリーサンゴリアス）を2シーズン率いたジョーンズ氏は、日本のスタイルをよく知るヘッドコーチでした。

ジョーンズヘッドコーチは、アジリティ（機敏性）、スタミナを生かし、ポゼッションを重視した日本のラグビーを作り上げました。テストマッチでもウェールズ代表、イタリア代表など格上のチームに勝ち、世界ランキングも一時は9位にまで上げました。それまでフィジカルが前面に出てきたラグビーに、緻密な戦略戦術を組み立てること、サッカーなど他の競技から学ぶことなど、新たな考えを注入したことでも貢献しました。

ジョーンズヘッドコーチが指揮した２０１５年大会は、４試合３勝１敗。決勝トーナメントへは進めませんでしたが、３勝のうち１勝は強豪、南アフリカから終了間際の逆転トライで大金星をあげました。

２０１９年の日本大会は、日本代表キャップも持つニュージーランド出身のジェイミー・ジョ

エディー・ジョーンズ

豪州出身。母親は日系人で、コーチ業は日本で始めた。元日本代表HC、元イングランド代表HC、元サントリーサンゴリアスHC、現オーストラリア代表HC。論理的な指導法で日本ラグビーに革命をもたらした。

ジェイミー・ジョセフ

ニュージーランド出身。現日本代表HC。現役時代はサニックスでプレーし、日本代表9キャップのフランカーだった。NZ代表キャップも持つ。２０１９年のワールドカップでは日本を初めて決勝トーナメントへと導いた。

セフ・ヘッドコーチが率いました。アイルランド、スコットランドなど強豪国を次々と倒し、1次リーグを4試合4勝。準々決勝は南アフリカに敗れましたが、初のベスト8入りを果たしました。その手腕は高く評価され、2023年もジョセフ・ヘッドコーチの下、日本代表チームは世界と戦います。

キャップ

国の代表として選出され、ひとつの国際大会に出場すると、ひとつのキャップが与えられる。キャップの数は代表選手としての経験値を示し、キャップ数はチームの総経験値の高さを表わす指標となっている。

3 アタックとディフェンスの本質

日本のラグビーにおいても、組織的なアタック、ディフェンスの戦術が浸透してきましたが、基本的な競技の本質（P19図1「攻防の原則」参照）を理解することが大切です。ワールドラグビーが掲げている「ラグビー憲章」には、ラグビーというゲームの目的を「競技規則、スポーツ精神、および、フェアプレーに則り、ボールを持って走り、パスやキック、また、グラウンディングをして、相手チームに対してできる限り多くの得点を挙げることである」と定めています。また、ラグビーの重要な特徴のひとつとして「ボール獲得のための争奪」をあげており、「この争奪はゲーム中にいろいろな形で発生する」としています。

ボールの争奪と継続については「プレーの原則」（P55）として詳しく後述しますが、ラグビーは、**ボールの奪い合いであり、その奪った結果として得点が得られ、その得点を相手よりできる限り多く挙げるゲーム**であるということです。

それを踏まえると、オフサイド・ルールが重要な要素のひとつとなります。オープンプレーにおけるオフサイドは、「**ボールを持っている、または、最後にプレーした味方の前方にいるプレーヤーはオフサイドである。オフサイドのプレーヤーは、プレーを妨げてはならない**」と

グラウンディング
プレーヤーがボールを地面につけること。ボールを手から腕、体幹部で押さえ込むことができればグラウンディング成功。インゴールでトライをするために行う。

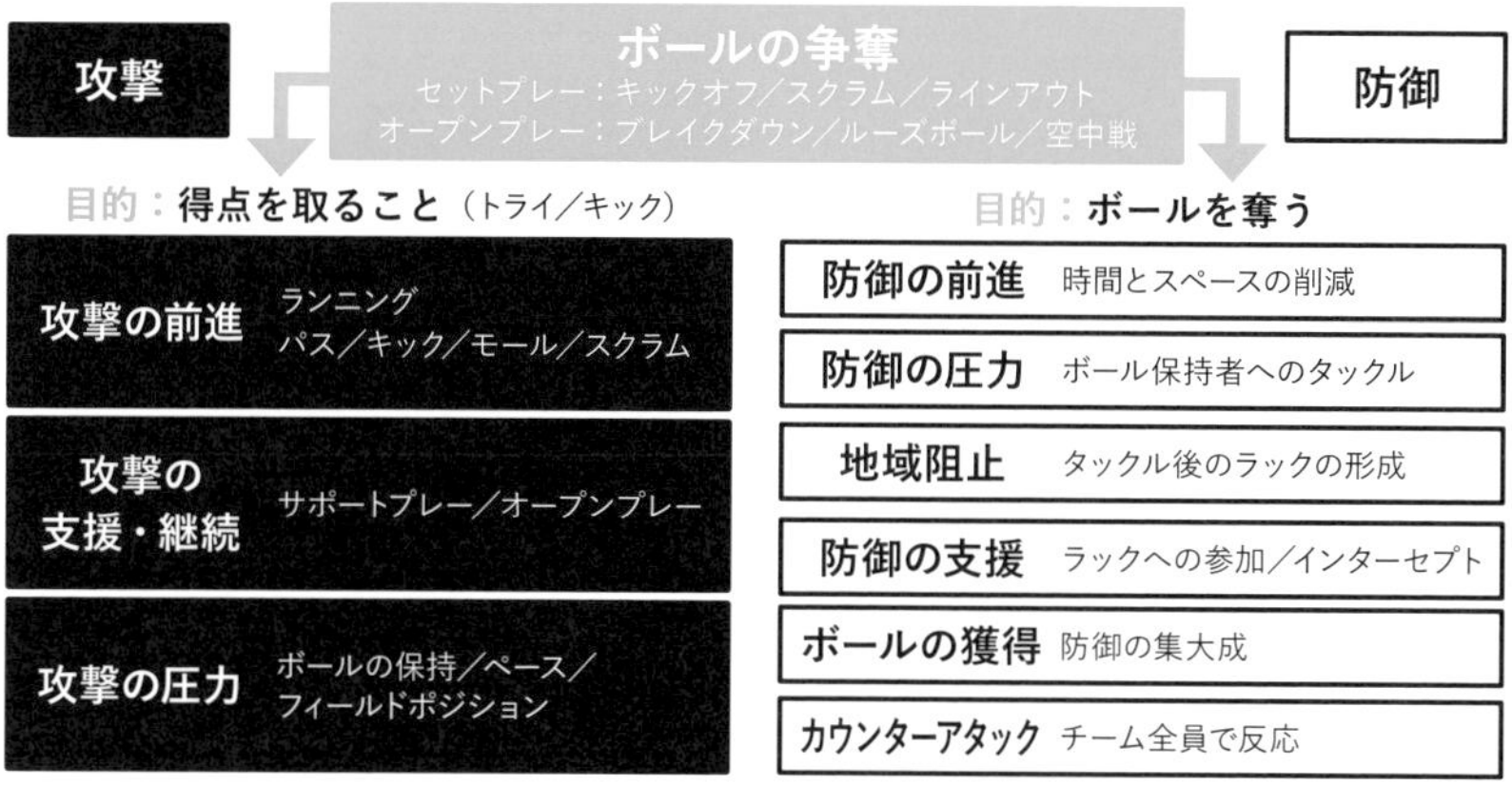

図1　**攻防の原則**

規定されています。このために、**味方へのパスはオンサイドのプレーヤー、ボールを持っている自分より後方のプレーヤー**になります。

パスをすればするほど、ポゼッション（ボール保持）をすればするほど、ボールの位置は下がっていきます。これを打開するには、パスを受けたプレーヤーは前進するしかありませんが、そこには相手のディフェンスが待ち構えています。

そのディフェンスをかわす、もしくはディフェンスのいないスペースまでボールを回してしまえば、ボールを前進させ、ゲインラインを切ることができます。それができないとすると、ボールを蹴って手放すしかなくなります。

これが「ラグビー憲章」にある「ボール

ゲインライン
スクラム、ラインアウト、ラック、モールなど、ボールが停滞した状況の中心から、ハーフウェイラインと平行に引いた仮想ライン。このラインを越えるとボールを前進させたとされ、陣地をゲイン（獲得）したことになる。

を支配しているチームの側の能力不足の結果として、あるいは、相手側の防御が優れていたために、相手にボールを渡してしまうことを意味する」ボール争奪と継続、利益と損失です。

アタック側は、この「損失」を受けないために、フォワードとバックスをバラバラにしてユニットとして攻めるアタッキングシェイプや、相手ディフェンスの穴を突くシークエンスなど、戦術と呼ばれるものを生み出してきました。

ディフェンス側にもオフサイドラインがあることは、ポジショニングに大きな影響を与えています。ルーツを同じくするサッカーのように、フォワード、ミッドフィールド、ディフェンスの3ラインを敷く意味はまったくありません。

アタック側がボールを持ってディフェンスラインを走り抜けられたら終わりですので、おのずと1ラインで、ディフェンダー同士は近い距離を保っていないといけません。また、アタック側はアタッキング・シェイプで、ユニットとして攻めてくるので、ディフェンス側もマンツーマンでノミネーションをしながら、隣のディフェンダーとの連携を取ることが求められます。

もうひとつラグビーのプレーで重要な要素は、**陣地取りゲームである**ということです。アタック側がゲインラインを切ると、ディフェンス側にもオフサイドラインがあるので、相手ディフェンスは下がって、もう一度セットアップをし直さないといけません。後ろへ戻る行為はプレーヤーのエナジーを大いに使うことになります。キックを使いタッチ

シークエンス
アタック時、あらかじめ決めた方法で全員が動く戦術。具体的には「11」「21」「31」もしくは「15メートル」「ポールインサイド」などと呼ぶ。「31」とは、セットピースから順目に3ラック行ったら、折り返す。

アタッキング・シェイプ
アタックシェイプとも言うが、アタック時のフォワード、バックスのポジショニング、そのユニットの形を利用した戦術のこと。２、３、４つのユニットにＦＷ、ＢＫを配置する。「１３３１」「１３２２」などと呼ぶ。

ほとんどのプレーで1分以内に笛が吹かれる

キックや、バックフィールドへのオープンサイドへのキックで、相手を後ろに下げ、陣地を取ることができます。

ほとんどのプレーが1分以内に止まる

次の重要な要素は、**ラグビーは連続性のあるゲームではない**ということです。サッカーでも、ボールがラインを割ったり、ファウルがあると笛が吹かれてプレーが止まりますが、基本的にはボールはインプレーの状況で戦術は組み立てます。

しかし、日本ラグビーフットボール協会（JRFU）のレポートによると、ラグビーは、活動サイクルの長さ（ボールがインプレーになってからボールデッドになるまでの時間）の平均が36秒。約8割のプレーが

オープンサイド
セットピースやラック、モールが起きた場合、そのボール、密集を起点にフィールドの広いサイド。

60秒以内に終わるということです。

ほとんどのプレーが1分以内に止まってしまいます。セットプレーを積み重ねるのがラグビーであり、戦術もセットプレー（セットピース）から組み立てることになります。

また、プレーの激しさを考えれば当たり前ですが、フェイズをいくつも続け、長い時間のかかるプレーをデザインするのは現実的ではありません。その点はサッカーと大きく異なり、ショットクロックのあるバスケットボールの戦術の考え方に近いのかもしれません。

ラグビーにも、サッカーと同じくボールポゼッションという戦術がありますが、サッカーのように、自らのペースでパスを回し、ゆっくり相手ディフェンスを崩していくといったことにはなりません。ボールを保持しパスを回すことは、相手ディフェンスのプレッシャーを受け続けることになるので、ペースもつくれず、かなりのエナジーを使うことになります。そして、ボールを下げてしまう可能性もあります。

ただ、同じルーツを持つサッカーには、戦術に関して学ぶべき点は多いように思います。また、バスケットボールやハンドボール、同じゴールゲームから取り入れられるエッセンスもあるでしょう。日本ではなかなか他競技との交流は難しいですが、ラグビーがまだまだ進化、発展する競技だとすると、様々なところから学んでいかなければならないと感じます。

フェイズ
攻撃回数のこと。ラック、モールで密集ができボールが止まると1回となる。

デザインされた戦術と非組織時の戦術

最後の重要な要素は、**いくらデザインしても、その通りにプレーは進まない**ということです。他の競技でもそうかもしれませんが、ラグビーの場合、ボールが楕円形であることもあり、非組織化のアンストラクチャーな状況が生まれる時間が多くなります。

まず、**15人が全員立ってプレーできる時間は限られます**。誰かがタックルを受けて倒れていたり、想定外の選手がラックに巻き込まれていたりします。そのプレーヤーがやるべきだった役割は、周りの選手がカバー、サポートするしかありません。ディフェンスラインの構築にフォワードの移動が遅れたとしても、バックスがフォワードの代わりを務めるしかありません。

戦術を考える場合、80％で起こることをデザインします。残りの20％の確率で起こることまで考える必要はありません。単純に言ってしまえば、20％のことは、起こったときに考えればいいということです。そこで選手には「Awareness（認知力）」が求められます。

次に何が起こるのか認識して対応する能力です。即興性の高いプレーになった場合、アンストラクチャーな状況になった場合に求められるスキルです。

デザインされたトリックプレーが決まるのもおもしろいですが、アンストラクチャーな状況で、思ってもみないプレーが出るのもラグビーの魅力のひとつではないでしょうか。

アンストラクチャー
非組織化、非構造化という意味。ラグビーではチーム全体が適切なポジショニングができていない状態を指す。ターンオーバー、キックなどトランジションが起こるとストラクチャーからアンストラクチャーな状態になる。

観戦に役立つ!!
こぼれ話
❶

ラグビーを発明した貢献者の存在

ラグビーワールドカップで、優勝チームに贈られるカップは「ウェブ・エリス・カップ」と名づけられています。「ウェブ・エリス」とはウィリアム・ウェブ・エリスのことで、ラグビーを発明した人物です……というと「？」が頭に浮かぶと思います。第１章でラグビーの歴史について多少お話ししましたが、ウェブ・エリスなる人物は出てきません。

1823年、ラグビー校に通うエリス少年がフットボールのプレー中、ボールをキャッチし、本来（当時のルール）ならば、後退するか、ボールを地面に置くなどをしなくてはならないにもかかわらず、ルールを無視してボールを持ったまま前方へ走り出した。これがラグビーの始まりであるという話が残っています。

しかし、その後の調査によると、確かな証言、証拠が見つからず、当時のラグビー校のルールでは、ボールを持って走ることは正当だったという文献もあり、現代のスポーツ史の研究においては「ウェブ・エリス発明説」は、俗説とされています。

ただ、ワールドラグビーは、自らが掲げる「ラグビー憲章」に「ウィリアム・ウェブ・エリスの伝説」として、1823年の事件（？）を記しており、この説を支持しているようです（とすると2023年はラグビー生誕200年）。不確かな話だったとしても現代にまで名前が残っているということだけでも、ラグビーという競技への貢献があるわけですから、カップに名前がつけられてもいいのかもしれません。

第2章

This is RUGBY

観戦前に
おさらいしたい！
ラグビーのルール

1 各ポジションの役割

ラグビーは1チーム15人で構成されています。特徴的なのは、ポジションによって背番号が決められていること。「背番号＝ポジション」となります。

ポジションはフォワード8人、バックス7人に分けられ、フォワードはフロントロー、セカンドロー、バックロー。バックスはハーフバック、スリークォーターバック、フルバックとポジションエリアが決まっています（P35図2）。

1番から15番までの各ポジションにはどんな選手が、どんな役割を担っているのでしょうか。傾向や適性について述べていきます。

1 フォワード

フロントロー／左プロップ

最前線にいるフロントローは、体重の重さ、首の太さ、がっしりとした体型が必要なのは当たり前ですが、駆け引きのできる器用さも求められます。スクラム内で攻撃を始めるのが1番なので、性格的には自己主張の強い選手が多いです。

また、「ルースヘッドプロップ」とも呼ばれます。フロントロー3人のうち、左側に位置し、スクラムを組む際、相手3番の頭を右肩だけで受け止めるため、自らは「ルース（ゆるい）ヘッド（頭）」で自由に動かせます。頭、首、肩を、相手の3番の下に入れることができるので、スクラムで駆け引きを仕掛けるのが、ルースヘッドプロップです。

2　フォワード

フロントロー／フッカー

フロントローの中央で、スクラムにおいて全体をコントロールし、スクラムハーフが投げ入れたボールを足で「フック（引っ掻く）」する役割を持ちます。また、ラインアウトの際は、ボールを投げ入れるスローワーを任されることが多いポジションです。

スクラムでは、前に出るためにフロントローをリードする役割がフッカーです。リスタートプレー（スクラム、ラインアウト）での要です。そのため、ささいな結果にこだわらない、物事を大きな視点で捉えられる性格の持ち主が向いています。

3　フォワード

フロントロー／右プロップ

「タイトヘッドプロップ」とも呼ばれます。スクラムの際、相手の1番の頭と2番の頭の間に、自らの頭を入れるので「タイト（きつい）ヘッド（頭）」で、まったく動かすことができません。相手の1番と2番の体重とプッシュを両肩で引き受けることになる「我慢」のポジションです。体幹の強さが必要で、地味で縁の下の力持ち。フィールドプレーでも、懸命に仕事をする。責任感の強い選手が多いです。

4 フォワード

セカンドロー／左ロック

最も運動量があるプレーヤーです。スクラムでは1番と2番の後方から押し込み、1番側にいるので、基本的には仕掛けるサイド。瞬発力、スピードよりも運動量が必要です。

高い運動量が求められるので、それを続けるだけの闘争心も必要でしょう。ラインアウトではジャンパーを務めるので、長身で跳躍力の高いプレーヤーが配置されます。

5 フォワード

セカンドロー／右ロック

すべての能力に長けたアスリートです。スクラムを組む際は、1番と3番の後方ですから、スクラムを保持、安定させる守備側に位置します。3番が押し負けてスクラムが崩壊しないように、プッシュするパワーを求められます。

ラインアウトではジャンパーになるので長身、高い跳躍力が求められますが、5番がラインアウトリーダーになることが多いです。ラインアウトのサインや、キャッチ後のプレーの組み立てを、時間帯、状況、相手のディフェンスを見ながら決定するので、クレバーさが最も必要です。

6

フォワード

サードロー／左フランカー

感性でラグビーをするようなタイプのプレーヤーです。ロックほど身長は高くないですが、同じようにスピードもフィジカルもあり、アスリートとしての能力は高いです。ラインアウト時は3人目のジャンパーとしてラインアウトに参加することもあり、スクラム時のパワーも必要です。アタッキング・シェイプでもラインブレイクを求められます。ディフェンス時でも、走り回ることが多いため運動量も必要です。

7

フォワード

サードロー／右フランカー

ディフェンスの要、ボールへの嗅覚が最も鋭いプレーヤーです。能力としては6番と同じくアスリートタイプの選手ですが、ディフェンス時には危険を察知する能力、アタック時にはラック周辺のブレイクチャンスを嗅ぎ分ける能力に優れています。

相手からボールを奪うジャッカルが得意な選手が多いです。スクラムを組む際には、基本的

ジャッカル

ディフェンスがアタック側にタックルし、アタック側が前に進めない状態において、サポートにきたディフェンダーがボールを奪うこと。

にオープンサイドに7番を置き、ブラインドサイドに6番を入れます。つまり、ファーストラック、ファーストタックルは常に7番に任せられます。

8

フォワード

サードロー／ナンバーエイト

ランもできる、キックも蹴ることができる、ラインブレイクをする、コンタクトにも強いトータルフットボーラーです。スクラムでは、最後尾からフォワードをコントロールし、統率します。また、スクラムから、ボールをピックアップしランニングも行います。高い身体能力、スピード、パワー、判断力など総合力の求められるフォワードです。

9

バックス

ハーフバックス／スクラムハーフ

常にラックからボールを取り出し、アタックラインに配給する役割を担います。スクラム時には、ボールを投げ入れ、そのボールを取り出します。パスを出すタイミングとスピードで攻撃のリズムをつくる重要なポジションです。

ボックスキックも蹴るのでキック力と精度も求められます。攻撃のリズムをコントロールする役割でもあり、アタックもディフェンスも、組織的な組み立てを行います。空間の認識能力、状況を把握する力に長けており、ボールの争奪の場面に絡むことが多いため、争奪をサポート

ボックスキック
ハイパントキックの一種。「箱に落とす」ように、滞空力のある高いボールをピンポイントで狙うキック。スクラムハーフがラックからボールを拾い上げた直後に使うことが多い。

するスキルも必要です。

10 バックス
ハーフバックス／スタンドオフ

サッカーの10番のイメージと同じく、ファンタジスタが背負う番号です。チームの司令塔として、チームのモメンタム、ボールポゼッション、テリトリーのコントロールを常に把握して分析します。ポゼッションが少なければ、ポゼッションを上げてアタックを仕掛けるなど、ゲームを組み立てていきます。

ゲームでは10番のランニング、パス、キックが攻撃の起点になります。状況の分析能力、スペースを認識する力に長けています。またプレースキックを任されることも多いので、キック力も非常に重要です。

11 バックス
スリークォーターバックス／左ウイング

バックスの左端でトライを取ることを求められるプレーヤーです。ダッシュ力だけでなく、長い距離を走る力も必要です。ブラインドサイドを走ることが多く、スピードのあるプレーヤーですが、力で前にいくタイプのウイングです。ただ、直線的に走るだけではなく、周囲との連携を取りながら、長い時間、ボールを持ち続けることができ、しっかり立ってプレーができる

プレースキック
ボールをフィールドに置いてから助走をつけて蹴るキック。

選手です。相手がキックしたボールをキャッチする機会が多いので、ジャンプキャッチの技術が求められます。

12 バックス
スリークォーターバックス／左センター

バックスの中央左のポジションです。アタック時には、ボールは9番→10番→12番と渡るスタイルが多く、瞬時の状況判断が求められます。ウイングとの連携を取る必要もあり、空いたスペースへのボールの運び方がうまくないといけません。

司令塔の10番がゲームを組み立て、12番へとボールが回りますが、デザインプレーでも、現実的な判断を下します。ディフェンス時には、ハードタックルが求められ、クレバーなプレーヤーが多いです。

13 バックス
スリークォーターバックス／右センター

バックスの中央右のポジションです。ディフェンスではタックルする機会が多く、ディフェンス力が必要です。アタック時には基本的にはハードランナーで、ランニングでアウトサイドへブレイクするアウトサイドブレーカーです。

ウイングのサポートをすることが多くサポートプレーが得意です。つなぎ役として働きながら、自分でもランニングしてラインブレイクをしていきます。ハンドオフやオフロードがうまい選手が多いです。

14 バックス

スリークォーターバックス／右ウイング

バックスの右端で、オープンサイドのワイドを走ることが多く、トライを取ることが求められるポジションです。瞬発力、持久力も備えたチームの中で最もスピードのあるスピードスターで、トライゲッターです。トライへの嗅覚がどれだけ優れているかが重視されます。11番と同じくボールをキャッチする機会が多いので、ジャンプキャッチの能力が必要です。

15 バックス

フルバック／フルバック

チーム最後方で、ディフェンスではチーム全体を後ろから統率し、サッカーのゴールキーパーと同じ役割を担います。攻撃時はカウンターアタックで縦横無尽に走るので、スペースを見つける能力が求められます。相手のキックボールをキャッチする技術、蹴り返すロングキック力、正確性も兼ね備えています。

アタックラインに15番が入ると、相手ディフェンスに対して数的優位をつくることができます。15番が早くボールを触ることで、攻守で優位に立つことができます。

2 各ポジションが担う重要性

ラグビーはポジションによって専門性の高いスポーツです（P35図2）。どのポジションでもこなすといったユーティリティなプレーヤーはあまり出てきません。フォワードのフロントローの左プロップ、フッカー、右プロップは完全な専門職です。

同じプロップでも1番と3番、どちらもできる選手はほとんどいません。試合で8人まで認められている交替要員には、必ずフロントローの1、2、3番の代替プレーヤー3人を用意しなくてはいけません。

交替したプレーヤーもけがなどで退場し、そのポジションをこなせる選手がいなくなると、レフェリーは「アンコンテスト（押し合わない）スクラム」を指示します。

特に3番の右プロップは、スクラムの際、相手の1番が仕掛けてくる攻撃から、スクラムを保持、安定させて守るポジションです。組み合う角度や体重の移動、ひざや足首の角度、ステップなど高度な技術が要求され、最も専門性が高くなります。信頼できるタイドヘッドがいないと、スクラムだけでなく、チーム全体が崩壊する恐れがあるほど重要だと言われます。プロフェッショナルプレーヤーでは、需要が高く最も年俸が高いポジションです。

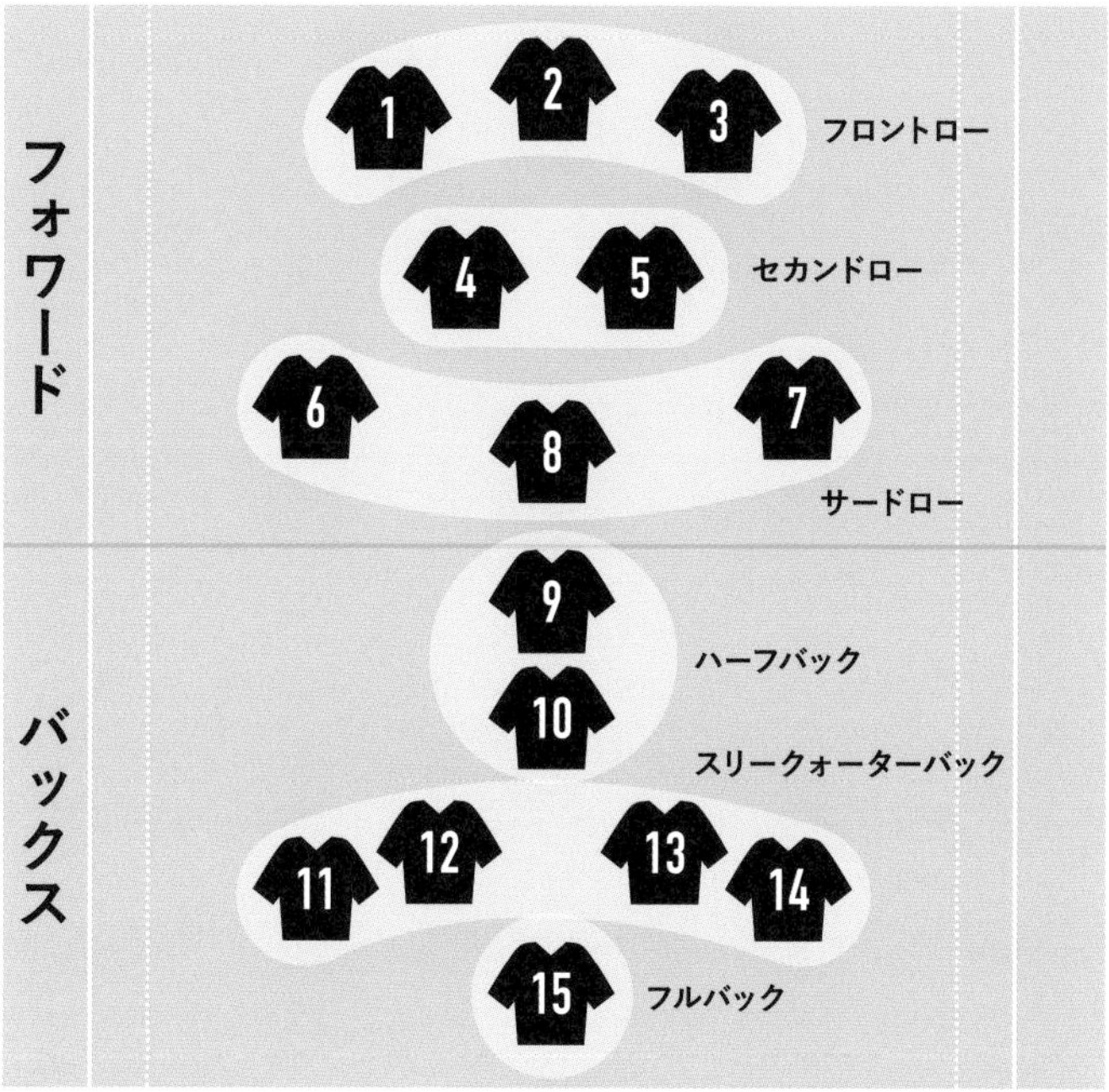

FW フォワード		
ポジションエリア	担当ポジション	背番号
フロントロー	PR ／プロップ	1、3
	HO ／フッカー	2
セカンドロー	LO ／ロック	4、5
バックロー	FL ／フランカー	6、7
	NO8 ／ナンバーエイト	8
BK バックス		
ポジションエリア	担当ポジション	背番号
ハーフバック	SH ／スクラムハーフ	9
	SO ／スタンドオフ	10
スリークォーターバック	WTB ／ウイング	11、14
	CTB ／センター	12、13
フルバック	FB ／フルバック	15

図2　**ポジション・ポジションエリア・担当ポジション**

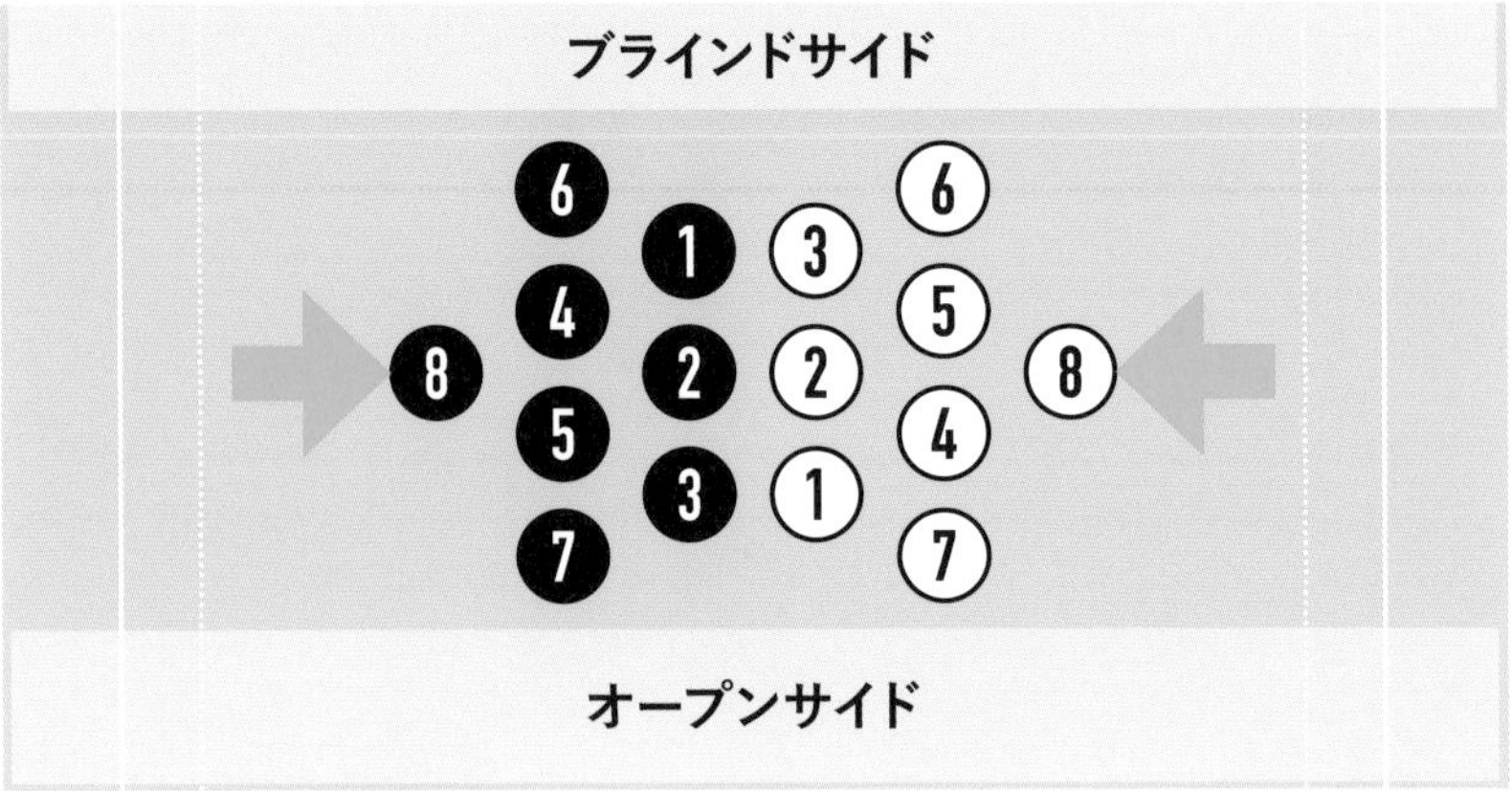

図３　**スクラムの人員構成**

スクラム内（図３）では１番が攻撃を仕掛け、３番側が攻撃に対し受け止めスクラムを保持、安定させます。ですから3番の後ろの5番に、同じロックの4番よりもパワーのある選手を入れます。

以前はフロントローには体重や体型、パワー、押す技術だけが求められていましたが、スクラムよりもラインアウトの重要性が増し、ラインアウトのキャッチに高さが必要になってきました。そのためジャンパーであるロックの跳躍力、身長だけでなく、リフターになるフロントローにも高さが求められ、身長の高いプロップが増えてきました。

移りゆく戦術とポジションの役割

さらに現代のラグビーでは、フォワードはスクラム、モールを押して、バックスはアタックラインをつくって走るといった、単純な役割分担ではなくなりました。

アタッキング・シェイプでは、フォワードは基本的に4つのユニットに分かれ、ブレイクダウンをして攻撃の起点をつくり、シェイプを重ねながら、相手ディフェンスラインの穴を探し、そこを突いていくようになりました。そのためフォワードにも走力と状況判断力が求められるようになっています。

ディフェンス側でも、いかに早くディフェンスラインを敷くことができるか、「マジック7」（後述）と呼ばれるラックサイドからの7人が、2つのユニットとなり、相手のアタック陣のプレーヤーをノミネーションし、前進を止められるかが重要になります。

そのためには走力以前に、ブレイクダウンで倒れても、すぐに立ち上がり、オンサイドプレーヤーに戻るスピードが必要です。

アタックとディフェンスでは考え方が異なり、アタックではアタッキング・シェイプに戻るまでの時間、ディフェンスでは単純に立ち上がるまでの時間を重要視します。ディフェンスは2秒以内に立ち上がり、オンサイドプレーヤーになってゲームに戻ることを基準としています。

スクラムではサードロー（フランカー、ナンバーエイト）の働きも重要

ラグビーには重要なセンターラインのポジションがあります。2番、8番、9番、10番、15番で、ここに経験値の高い、主軸となりうる選手を置くことができると、チーム全体の力が上がります。

2番はスクラムをコントロールする選手、8番はフォワード全体を統率する選手、9番、10番はゲームをコントロールする選手、そして15番は後ろからディフェンスのバランスを取る、カウンターアタックのランニング、キックを判断する選手です。

このセンターラインの選手を軸に考え、両サイドに分かれているプロップ、ロック、フランカー、センター、ウイングの、左右どちらのサイドへ持っていくのかで戦術を組み立てていきます。

3 世界の勢力図と注目すべき点

ワールドラグビーは、加盟する国々をランク分けしています。以前は「ティア1」「ティア2」とランク分けしていましたが、現在は合わせて「ハイパフォーマンスユニオン」と呼んでいます。「ティア1」と呼んでいた国はイングランド、フランス、イタリア、アイルランド、スコットランド、ウェールズのシックスネーションズのチームと、南半球のラグビーチャンピオンシップに出場するアルゼンチン、オーストラリア、ニュージーランド、南アフリカの10カ国です。「ティア2」はワールドカップに出場を果たしていますが、シックスネーションズにもラグビーチャンピオンシップにも出場していない国です。日本は以前ティア2で、現在はハイパフォーマンスユニオンに属しています。

ニュージーランド

世界のラグビーは、旧ティア1にいたチームを中心にラグビーは動いています。ワールドカップを3回優勝（1987、2011、2015）しているのはニュージーランド「オールブラックス」。現在の世界ランキングは3位ですが、トータルフットボールを実践しています。

プレーヤー全員のスキルが高く、誰からでもどこからでもボールの奪取、点を奪うことできるチームになっています。司令塔は、ボーデン・バレット。戦術、理解力、状況判断力に加え、パス、ランニング、キックのすべてにおいて、高次元なプレーをシンプルに行う、超一流のプレーヤーです。

南アフリカ

同じく3回優勝（１９９５、２００７、２０１９）は南アフリカ「スプリングボクス」です。高いフィジカルを生かしたアタックで、相手を粉砕し力でねじ伏せるラグビーをしてきます。注目選手はフッカーのマルコム・マークス。フィジカルの強さは一級品で、ディフェンスでのすばらしいボール奪取の判断ができます。世界最高峰のフッカーの１人と言っていいでしょう。

オーストラリア

オーストラリア「ワラビーズ」は2度ワールドカップ優勝（１９９１、１９９９）。個性豊かなチームで、ラインブレーカーが数多くいます。現在の世界ランキングは8位ですが、組織として固まることができれば、２０２３年フランス大会の優勝候補にもなります。

注目は埼玉パナソニックワイルドナイツに所属するウインガー、マリカ・コロインベテ。身長１８１センチ、体重96キロのサイズとスピードを武器に、ディフェンダーを弾き飛ばしながら駆け上がります。世界最高のウイングの１人です。ビッグなサイズと桁違いなスピードを武器に、多少触れられても弾き飛ばしながらトライラインまで駆け上がります。

アルゼンチン

アルゼンチン「ロス・プーマス」は世界ランキング7位。２００７年大会で3位に入っています。フィジカルでもメンタルでも、一歩も引かないフォワード陣が、激しい突進をしてきます。その前進力をどのようにトライに結びつけるかが見ものです。注目選手は、三重ホンダヒート所属のナンバー8、パブロ・マテーラ。幼少期にはサッカー、ラグビーも当初はウイングをやっていたという多彩な経験を持っています。高いフィジカルとハードワークだけでなく、感性がとても高く、動き出しが早いプレーヤーです。

イングランド

イングランドはワールドカップ1回優勝（２００３）。伝統的にキッキングゲームを行い、そのキックの精度と強力なフォワードが武器になります。キャプテンで司令塔はオーウェン・ファレル。パス、ラン、キックすべてに高いスキルを持っています。最大の特徴はメンタリティで、ゲーム中、身体を張り続けることができます。

フランス

フランスは3度、決勝までいったもののまだ無冠。伝統的なシャンパンラグビーが特徴的です。シャンパンの泡のようにプレーヤーが次々と湧いて動きます。スクラムも世界屈指で、即興性の高いラグビーが魅力です。背番号10はロマン・ヌタマック。精密なキックとランニング能力を武器に、自分でトライが取れるプレーヤーです。

アイルランド

現在の世界ランキング1位はアイルランド。フィジカルが強く、安定したセットアップからの攻撃と隙のない守備で、攻守に欠点がありません。注目はスタンドオフのジョナサン・セクストン。パス、キック、判断力、戦術眼のすべてにおいて最高クラスの司令塔です。２０１８年のワールドラグビー年間最優秀選手に選ばれました。

ウェールズ

ウェールズ代表チーム「レッドドラゴンズ」は、１９８７年ワールドカップで3位に入っています。世界ナンバー１のディフェンス力が見どころです。ラン&ガンスタイルで、展開の早いトランジションアタックで、スピード感あふれるラグビーをしてきます。注目はジョージ・ノース。身長１９３センチ、体重１０９キロのウインガーで、このサイズでスピードも持っています。トライへの嗅覚がすばらしく、トライ決定力は世界一です。

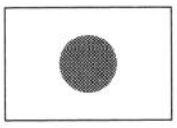

日本

日本は現在、世界ランキング10位。２０２３年フランス大会は初めて、前回大会のプール戦トップ３の資格で出場します。日本は、非常に規律性が高く、アタックではデザインされたプレーで正確にボールを運ぶラグビーをします。

ディフェンスでも粘り強さを発揮すれば、勝利が近づくでしょう。注目は埼玉パナソニックワイルドナイツ所属のセンター、ディラン・ライリー。アウトサイドでのブレイクを軸に、キックシチュエーションでも走る、質の高いランニングプレーができ、成長著しい選手です。

４ 覚えておきたい用語解説

ゲームの局面に関する用語

●キックオフ

試合の前後半、各ハーフを始める方法で、また延長時間の各ハーフの開始時にも行われるドロップキック。得点後にも競技を始めるプレーとして行われます。ハーフウェイラインの中央から相手陣にボールを蹴り込み、相手陣10メートルラインまで届かないと、相手側が蹴り直すか、相手ボールのスクラムとなります。

●アタッキング・シェイプ

アタックシェイプとも呼ばれますが、アタック時のフォワード、バックスのポジショニング、そのユニットの形を利用した戦術のこと。４つのユニットにフォワード、バックスを配置します。「１３３１」「１３２２」などと呼びます。桁数はユニット数、数字は各ユニットのフォワードの人数を表します。「１３３１」は４つのユニットで左側のユニットにはフォワードが１人、その隣が３人、次も３人、右端は１人という意味。フェイズを重ねても常に決められた形に戻ります。

●順目（反対は逆目）

基本的にはオープンサイド、展開してきた方向へボールを回すこと。逆目は逆方向へ回します。

●シークエンス

アタック時、ボールの動かし方をあらかじめ決めた方法で動かす戦術。具体的には「11」「21」「31」もしくは「15メートル」「ポールインサイド」などと呼びます。アタック方向をあらかじめ決めておく「31」とは、セットピースから順目に3ラック行ったら、折り返して逆目に進みます。

「15メートル」と言うと、密集から近い側の15メールラインまで行ったら折り返します。「ポールインサイド」とは、密集から近い側とポールを縦に結んだラインまで行ったら折り返します。

●セットピース

セットプレーとも言います。ボールデッドから始めるプレーのこと。スクラム、ラインアウト、キックオフがこれにあたります。

●**フェイズ**

攻撃回数のこと。ラック、モールで密集ができ、ボールが止まると1回。3フェイズとは、セットピースから3回攻撃が続いたという意味になります。

●**ブレイクダウン**

ボールキャリアがタックルされるなどアタック側の攻撃が止められると、ボールの争奪が起きる、その状況のこと。アタック側は意図的にディフェンスラインに当たり、優位な状況でモール、ラックなど、ブレイクダウンをつくり、すばやくボールを出していくので現代ラグビーでは攻撃の起点になっています。

●**トランジション**

アタックからディフェンス、ディフェンスからアタックへと局面が変わること。ターンオーバーやキック、ペナルティでもトランジションは起こります。トランジションが起こるとアンストラクチャーな状態になるので、意図的にトランジションを起こし、アンストラクチャーとなった相手を攻める戦術もあります。

●**ポッド**

「ユニット」と呼んでいる複数のフォワードとバックスのグループと同義語。

●ユニット

アタッキング・シェイプやディフェンスラインでも、グループで組織的に攻守を行うそのグループのこと。アタッキング・シェイプでは、フォワードを中心にバックスがサポートする3、4人のグループになります。

プレー、動作に関する用語

●キッキングゲーム

広義にはキックを多用したゲームですが、狭義には相手よりキック力の高いプレーヤーがいる場合、積極的にロングキックによりテリトリーを取りにいく戦術。相手に蹴り返されたとしても、比較して距離が飛ばない場合は、また蹴り返すことで相手陣に侵入できます。

●グラウンディング

プレーヤーがボールを地面につけること、ボールを手から腕、体幹部で押さえ込むことができればグラウンディング成功。

●ゲイン（ライン）

スクラム、ラインアウト、ラック、モールなど、ボールが停滞した状況の中心から、ハーフウェイラインと平行に引いた仮想ライン。このラインを越えるとボールを前進させたことになり、陣地をゲイン（獲得）したことになる。ゲインラインを突破した、と言います。

●ゲインメーター

プレーヤーがボールを持ってゲインラインを越えてプレーした距離。

●コンテストボール

競り合うことのできるボール。「コンテストキック」は、味方がボールの競り合いに参加できるように滞空時間の長いハイパントのキックのこと。

●スクラム

試合を再開するためのセットピースのひとつ。通常、各チーム8名のプレーヤーがフォーメーションを組んで互いにバインドして形成します。

●タックル

ディフェンス側がアタック側の前進を止めるために行うプレー。ボールキャリアーを捕まえて、そのプレーヤーを地面に倒します。ボールキャリアーが、1人または複数の相手プレーヤーに捕まり地面に倒された場合に、タックルが成立します。

●ノミネーション

ディフェンス時、基本的にはマンツーマンで見るので、自分が見るべき相対する相手側の選手を決定する行為。ディフェンスラインで、相手がずれていないか、余っていないか、声や指差しで味方同士、確認を行います。ノミネートとも言います。

●ポゼッション

狭義にはボールを保持すること。パスを回してボール支配率（ポゼッション率）を高め、相手にボールを渡さず前進する戦術を指すこともあります。

●モール

ボールキャリアーと両チームから最少1名ずつが参加して、互いに立ったままバインドしているプレーのことを言います。地面についていないボールを争奪します。形成されたモールはゴールラインに向かって前進します。その状況をドライビングモールとも言います。

●ラインアウト

プレーがタッチラインに至り、ボールがタッチラインを越えると、ボールデッドとなります。ボール、またはボールキャリアーがタッチラインを割った後に、ボールの投入により競技を再開する方法。各チームから最少2名ずつのプレーヤーがラインを形成し、タッチラインから投入されるボールをキャッチしようとして構えるセットピースのことです。

●ラック

プレーヤーが地面にあるボールを争奪すること。各チームの1人、またはそれ以上のプレーヤーが立ったままの状態で、身体を密着させて、地面にあるボールに被さっていることで形成されます。参加するプレーヤーは、頭と肩を腰よりも低くしてはいけません。

フォーメーション、ルールに関する用語

●オフサイドライン

プレーに参加できるエリアにいるオンサイドと、プレーに参加できないエリアのオフサイドを分けるラインで、状況によって変化します。基本的なオープンプレーではボールを持っている、または最後にプレーした味方からハーフウェイラインと平行に引いた仮想ラインを言います。

ラック、モールでは、参加している味方の最後尾の足からハーフウェイラインと平行に引いた仮想ラインのこと。スクラムでは、参加している味方の最後尾の足からハーフウェイラインと平行に引いた仮想ラインから5メートル後方の平行線。ラインアウトではマークオブタッチから10メートル後方の仮想ラインを指します。

●コンバージョンキック（ゴール）

トライもしくはペナルティトライを得たあとに蹴る権利のあるキック。トライ地点とタッチラインの平行線上のどこからでも蹴ることができます。入ると2点が追加される。ゴールキックとも言います。

●ブラインドサイド

セットピースやラック、モールはフィールド中央で起きることは少なく、タッチラインに近いエリアで行われます。すると、左右でフィールドの広さは異なるので、タッチラインに近い狭い方のサイドのこと。広いサイドはオープンサイドと言います。

●ラックサイド

ラックのすぐ脇の両サイド。第一に攻めるべきスペースなので、ディフェンダーを配置する。

観戦に役立つ!!
こぼれ話
❷

ラグビーに似て非なる競技とは?

第1章で述べたように、ラグビーが個の能力に頼ったフィジカルゲームから、組織的、システム的なゲームになって、それほど年月が経っていません。サッカーをはじめとする他のゴールゲームの戦術論と比べると、ラグビーはまだまだ変化、進化の余地があるように感じます。

ゴールゲームは結局、フリーのプレーヤーをどうつくるかと、ミスマッチをどう起こすかになります。サッカーにおける「ボールポゼッション」は、パスを回すことで、機を見て相手ディフェンスを剥がし、フリーの選手をつくり出すことですし、バスケットボールにおける「ピック＆ロール」と呼ばれるプレーの目的のひとつは、ミスマッチを起こすことです。

ラグビーも、人を余らせるためにパスをつないでワイドのスペースを突きますし、フェイズを重ねてミスマッチを起こして、そこを突破します。ゲームとして連続性のあるサッカーとは多少異なりますが、ほぼすべての基本プレーがデザインされており、そのひとつひとつにオプションプレーが付いているバスケットボールの戦術論は、ラグビーにも参考になると思われます。

さらに戦術論的に進んでいると言われるアメリカンフットボールは、覚えるべき基本プレーの数はとても多く、オプションプレーが付いている上に、プレー直前にクォーターバックがプレーパターンを変えることもあります。ラグビーもそのような形に進化するのかもしれません。

第3章

Watching ATTACK

攻撃のツボはどこにある？

1 ラグビー戦術の原則を理解しよう

ラグビーというスポーツには、プレーの根本となる考え方があります。それが「プレーの原則（The principle of play）」です。

「プレーの原則」は、現代ラグビーのコーチングが始まった１９７０年代に提唱され、ラグビーの原理原則を表すものとして広がりました。

ラグビーというのは、陣地を取り合うゲームです。**その目的は、ボールを獲得したならば、ボールを相手の陣地内へ前進させ、最終的に得点すること**です。言葉や図にすると当たり前のことですが、攻撃と守備の双方において「プレーの原則」（Ｐ55図３）は重要で、**原則に沿ったプレーが最もシンプルで効果的**です。

また、「プレーの原則」と、プレーに必要な選手、もしくはチームの特性がどのように関係しているのかを理解することも重要です。この原則のひとつひとつの状況に対して、必要とされる技術、コミュニケーション、遂行能力を合わせて、チーム戦術が求められます。

セットピース
セットプレーとも言う。ボールデッドから再開するプレーのこと。スクラム、ラインアウト、キックオフがこれにあたる。スクラム、ラインアウトはトライにつながる確率が高い。

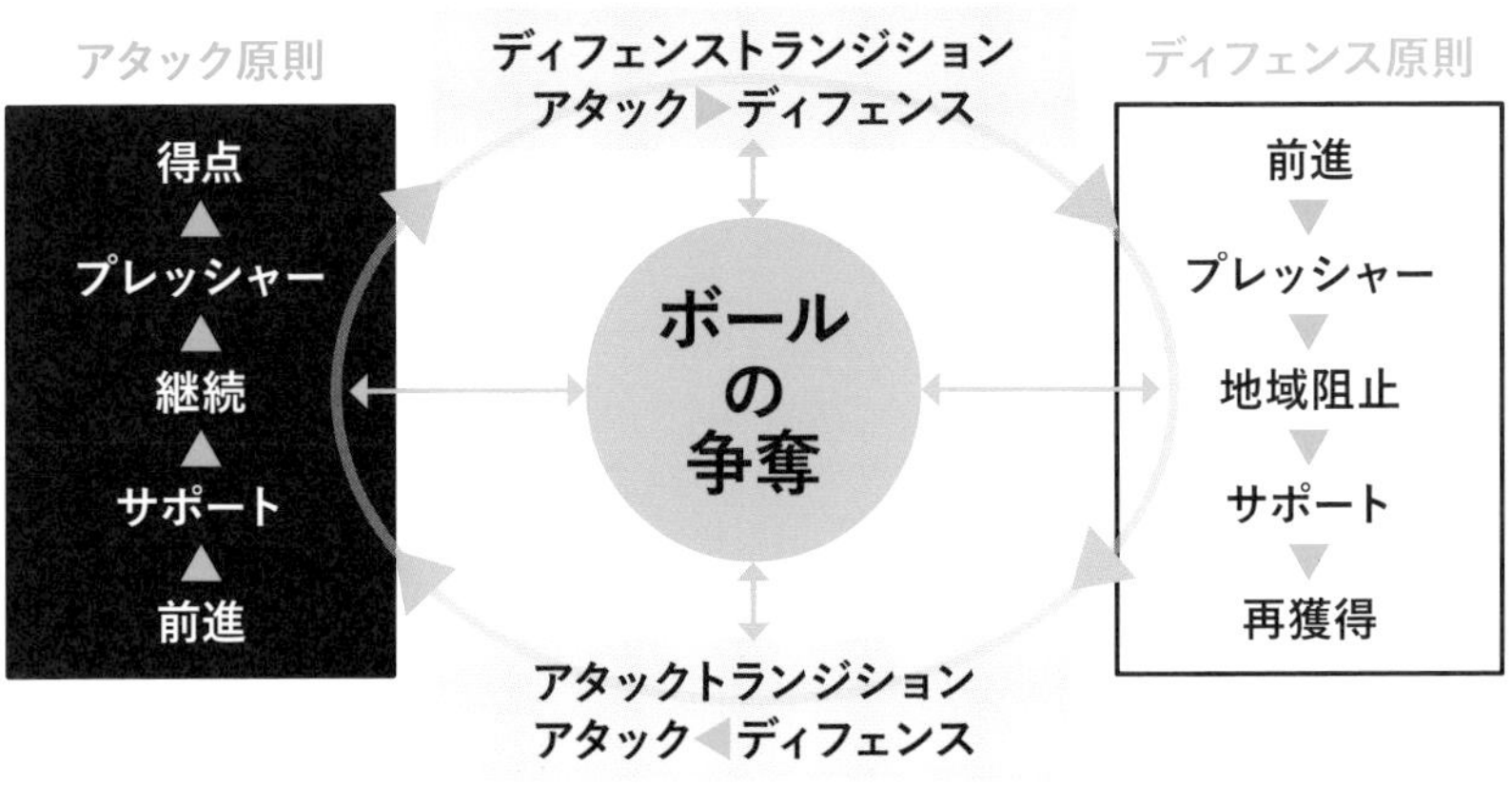

図３　**プレーの原則**

「獲得」から「前進」「継続」するアタック

「アタックの原則」は、まず「ボールの獲得」から始まります。キックオフ、ラインアウトやスクラムなどのセットピース、ブレイクダウンやキックされたボール、ルーズボールの場面において、ボールの争奪が起こり、獲得します。次に、ボールキャリアーが走る、モールをつくる、相手陣形のスペースを狙うためにラインをつくりパスをする、キックを蹴ることなどで、ボールを効率的に「前進」させます。

その次に必要なプレーは「サポート」です。ボールを持っているプレーヤーが前進しやすいよう、パスを受けるサポートポジ

ブレイクダウン
ボールキャリアーがタックルされるなど、アタック側の攻撃が止められると、ボールの争奪が起きる状況のこと。

モール
ボールキャリアーと両チームから最少１人ずつが参加して、互いに立ったままバインドしているプレーのことを言う。地面についていないボールを争奪する。形成されたモールはゴールラインに向かって前進しなくてはならない。

ションに入ります。ボールをつなぐ、またはモール、ラック時にボールを守るなど、サポートプレーを行う直接サポート、アタックラインでスペースをつくり出す間接サポートに入ります。さらに相手ディフェンスからの圧力もある中で、これらのプレーの「継続」を行います。すると、ボールの「前進」が「継続」されることで、ボールのポゼッション（保持時間）が上がり、優位なフィールドポジションを取ることができ、ゲームを自らのペースで進めることができます。

この3項目が揃うと、相手の守備陣に「プレッシャー（3P）」を与えていると言えます。さらにボールを保持し「前進」することは、最終的にトライやペナルティゴールなど「得点」へとつながります。

「アタック」と「ディフェンス」の原則は表裏一体

しかし、このサイクルのスタートであるボールの争奪で敗れた場合、もしくは「ボールの獲得」ののち、「前進」「サポート」「継続」「プレッシャー」の4つの状況において、相手のディフェンスの圧力、または自らのミスにより、ボールを失った場合は「アタックの原則」から「ディフェンスの原則」へと状況は移ります。

「ディフェンスの原則」の最終的な目標は「ボールの再獲得」です。「ボールの再獲得」の成功は、

ラック
プレーヤーが地面にあるボールを争奪すること。各チームの1人、またはそれ以上のプレーヤーが立ったままの状態で、身体を密着させて、地面にあるボールに被さっていることで形成される。

3P
ボールのポゼッション（Possession）、フィールドのポジション（Position）、ゲームのペース（Pace）の3つで優位に立つと相手にプレッシャーをかけていると定義づける。

すなわち「ボールの獲得」なので、再度「アタックの原則」へと戻ることになります。

「ディフェンスの原則」と「アタックの原則」は表裏一体です。プレー自体は異なりますが、必要とされることに差異はありません。ディフェンス側になった場合でも、まず「前進」が必要です。相手の攻撃陣に、時間とスペースを与えないように「前進」し、攻撃の選択肢を減らします。

当然、１人ではなくチームで守備を行うので「サポート」も不可欠です。ラインディフェンスでの自らの役割を明確にし、ブレイクダウンで優位に立つためにも、チームメイトのサポート、コミュニケーションが重要となります。それらは相手攻撃陣の時間、フィールドポジション、ペースを奪うことにつながり、相手に「プレッシャー」を与えることになります。

タックルという直接的、かつ効果的な「前進」の阻止もあります。しかし、相手の攻撃の選択肢を減らすこと、ボールを「前進」させないこと、相手のミスを誘うことなど「サポート」するプレーヤーとともに、攻撃を試みる相手に「プレッシャー」を与えることで、「ボールの再獲得」の機会は増えていきます。また、「プレッシャー」をかけ続けることで、相手にボールをキックさせ、それをキャッチすることでの「ボールの再獲得」も起こります。

ラインディフェンス
ラグビーにおけるディフェンス形態。ほぼ１本のラインに並ぶのでラインディフェンスと呼ぶ。

攻守が常に切り替わるサイクル

ラグビーとは、「プレーの原則」に従い、このサイクルを回すことだとも言えます。たとえ圧倒的な強さを持つチームであっても、ボール支配率が１００％になることはありません。ボールを獲得している側が、ゲームを優位に進めているとも一概には言えません。

キックで戦術的にボールを自ら手放すこともよく起こります。ゲームの多くは、最終的にアタック対ディフェンスが50対50に近づいていきます。つまりアタックからディフェンスへのトランジション、ディフェンスからアタックへのトランジションは常に発生するということです。

ヘッドコーチは「ゲームの原則」に基づき、「アタックの原則」「ディフェンスの原則」の各々の状況において、うまくプレーできるような戦術を組み立てることが必要です。スカウティングも各々の状況にフォーカスし、分析を行い、戦術へ落とし込むデータをつくります。

近年は「プレーの原則」を重要視せず、攻撃の戦術や個の技術、力量に頼るチームも存在します。目先の勝利ではなく、自らのチームの構築を考えるならば、あまり良い方策だとは思えません。原則が欠けたストラテジー（戦術）は、ストラテジーとは言えないでしょう。いかに「プレーの原則」の各々の状況で、シンプルにプレーできるストラテジーを組み立てられるかが、戦術の大原則。チームの「強さ」への近道だと考えます。

2 アタック（攻撃）の原則に沿った戦術

ラグビーは、同じゴールゲームであるサッカーやバスケットボールと異なり、得点するための最終的なターゲットは小さくありません。幅が70メートルある相手陣のゴールラインを越えて、どこでもよいのでインゴールにボールをグランディングするとトライ、「得点」ができます。

そのため、**ボールが現在ある地点から、とにかく直線的に、ボールを運ぶことが最短距離で効率はいいのですが、前へボールを運ぶには様々な攻撃の方法が存在します。**この本質を踏まえて、アタック（攻撃）における原則について述べていきます。

「スペース」を攻める

前節でも述べたようにアタック時は「ボールの獲得」ののち、「前進」を行います。「前進」とは、「ボールキャリアーが前へ走ること」「ボールを前へ蹴ること」「パスをつなぎ相手のディフェンスがいないエリアまでボールを運んで前へ進むこと」のいずれかです。その結果、ボールがゲインラインを越えることで「前進」が達成されます。

前進することを根幹としたアタックの戦術には、大きく分けると「スペース」を攻めると「プ

ゲインライン
スクラム、ラインアウト、ラック、モールなど、ボールが停滞した状況の中心から、ハーフウェイラインと平行に引いた仮想ライン。このラインを越えるとボールを前進させたとされ、陣地をゲイン（獲得）したことになる。

レーヤー」を攻めるの2つの柱があります。

「スペース」を攻める戦術で最もイメージしやすいのは、**ラインアウトやスクラム、またはブレイクダウンが起こりラック、モールが形成され、その起点のすぐ横、サイドの両脇を狙ってプレーヤーがボールを運んでいく場面です。ゴールラインまでの距離が短く、トライまでに必要とされるプレーヤーやパスの回数も少なく、効率よく得点を狙えます。**

「プレーヤー」を攻める

前進するためのもうひとつの柱は、「プレーヤー」を攻めることです。**相手の守備陣に対して、個のフィジカルの強さで、強引にでもゲインラインを突破していくアタックです。**スクラムやドライビングモールが代表的なプレーであり、最もラグビーらしい攻撃と言っていいでしょう。また、ラックからボールを拾ったプレーヤーが、ラックのサイドをそのまま突進していく「ピック・アンド・ゴー」も典型的な「プレーヤー」を攻める攻撃戦術と言えます。

アタックの戦術には「スペース」を攻めると「プレーヤー」を攻めるの2つの柱があると言いましたが、ほぼすべてのアタックの戦術には、双方の要素が含まれているとも言えます。

「ピック・アンド・ゴー」にしても、主にパワーのあるフォワードが、フィジカルの強さを

ドライビングモール
モールを形成するとゴールラインに向かって前進しなくてはならないが、その状況をドライビングモールと言う。

ピック・アンド・ゴー
アタック側のプレーヤーが、ラックからボールをピック（拾い上げ）、パスをすると見せかけて、そのままゴー（前進）するプレー。

生かして、相手の守備陣を突破しようとしますが、突いていくのは直線的で効率よく前進できるラックサイドの「スペース」です。

また、両チームの選手が密集したエリアとは逆サイドの「スペース」を攻める際、突破力のあるフォワードをそのエリアに配置する戦術もあります。つまり、パワーに優位性がある場合、相手の「プレーヤー」と1オン1の状況をつくり出し、攻めることを考えます。

「スペース」を攻めるとは、言い換えると**局所的に数的優位の生まれるエリアをつくり出し、そのポイントを突くこと**とも言えます。また、「プレーヤー」を攻めるとは、**応対する相手ディフェンスとの能力のミスマッチ（スピードのあるバックス対パワーのあるフォワードなど）を生み出し、ボールを前進させること**とも言えます。

いずれにしてもアタックの戦術においては「スペース」を攻めることと「プレーヤー」を攻めることを主軸に、時間帯やフィールド上でのボールの位置、ゲームのモメンタム（勢い）など、様々な要素が加わりつくられていきます。

戦術をデザインするセットピースの攻撃

日本ラグビーフットボール協会（ＪＲＦＵ）のレポートによると、エリートレベルのラグビーでは試合時間80分のうち、ボールインプレー（実際にプレーが行われている時間）は約40％だ

ラックサイド
ラックのすぐ脇の両サイド。第一に攻めるべきスペースなので、ディフェンス側は必ずディフェンダーを配置する。

ということです。残りの60％はボールが止まっている時間です。つまりラグビーは、意外と連続性の少ないゲームと言えます。

ボールデッドになったのち、ゲームの再開は、ラインアウトやスクラムなどセットピースと呼ばれるものでリスタートされることがほとんどです。年々、ゲームの中でのラインアウト、スクラムの回数は減少していますが、セットピース、特にラインアウトを起点とする得点は、総得点のうち約50％を占めます。

プレーが途切れ、チームで確認し合う時間も生まれるため、セットピースからのプレーは非常に重要。何かを「仕掛ける」にはよい機会となります。アタックの戦術のセオリーとして、**アタックの方針を定め速いペースで継続していきます。** もうひとつは、**3フェイズをデザインして、事前に準備されたプレーをします。** デザインするとは、チームの全員が役割ごとに与えられたプレーを行い、ボールを運ぶように決めごとをするということです。

特に、相手陣の10メートルラインでのラインアウトは、発生回数も多く、ディフェンス側は多くのスペースをカバーする必要があるので、ボールを優位に前進させるいい機会が揃っています。デザインされたプレーを数種類準備し、ゲームメーカーが、プレーを選んでアタックを行います。

3フェイズ
フェイズとは攻撃回数のこと。ラック、モールで密集ができボールが止まると1回。3フェイズとは、セットピースから3回攻撃が続いたという意味。3フェイズでトライを取るデザインが基準になっている。

アタッキング・シェイプとは？

セットピースからデザインされた3フェイズの攻撃でトライまでたどり着けず、しかし、まだボールを保持できているとすると、その後はオープンプレー（デザインされていないプレー）となります。

ただし、チーム全員が即興的にプレーをするわけではなく、攻撃はアタッキング・シェイプと呼ばれる陣形に移行します。

アタッキング・シェイプが、事前のアタックの戦術通りに完璧に機能することは、1ゲーム通じて何度もありません。なぜなら、ボールインプレー中に15人全員が立ってプレーしている時間はほとんどないからです。

ボールが動いている限り、タックルされている、ラックに巻き込まれているなど、数名はフィールドに倒れています。つまり、全員が揃わないままアタッキング・シェイプからの攻撃を行いますが、それを否定的に考える必要はありません。

数名が欠けても、ラックが形成され、ボールを保持して、アタックを続けているのであれば、相手ディフェンスにプレッシャーをかけ続けていることになります。

テリトリー獲得を狙うキック

同じくＪＲＦＵのレポートでは、エリートレベルでは１ゲームにおけるキックの回数も年々減っているということです。しかし、キックも、アタックの戦術には重要な要素です。

すばらしいキッカーがチームにいると、相手陣内でプレーを続けるだけで、ディフェンスは、常にペナルティキックを与えてしまう不安につきまとわれることになります。アタックの戦術としても、**精度の高いボールやテリトリーの獲得を狙うキックは前進するための有効な手段。またキックパスは、「スペース」を攻める上で、逆サイドへ一気にボールを動かす大きな武器**です。

スタンドオフやフルバックがロングボールを相手のバックフィールドに蹴り込むことも、ディフェンシブなキック、逃げのキックはほとんどありません。**目的は、テリトリーを取るため、もしくは積極的にトランジションを生み出し、混沌とした状態を生み出すためのキック**となります。アンストラクチャーなラグビーを志向するチームにとっては、十分にアタックの戦術に則ったキックと言えます。

> **スタンドオフ**
> 背番号10番「フライハーフ」とも呼ぶ。サッカー同様、ファンタジスタでチームの司令塔。攻守とも状況を判断してプレーを組み立てるゲームメーカー。

> **フルバック**
> 背番号15番。チーム最後方で、ディフェンスではチーム全体を後ろから統率し、攻撃時はカウンターアタックを仕掛け、ロングキックも蹴る。ボールキャッチ、ランニングスピード、空間認識能力に優れる選手。

3 「スペース」を攻める戦術

ボールのポゼッション（Possession）の向上、優位なフィールドのポジション（Position）の奪取、自らのペース（Pace）でのゲームの推進、この３項目を「３つのプレッシャー（３Ｐ）」と呼びます。相手に「３つのプレッシャー（３Ｐ）」をかけ、ゲインラインを突破し、最終的に「得点」を取るアタック。その戦術におけるひとつの柱は「スペース」を攻めるということです。そこで示す「スペース」とは、大きく３つに分けられます。

密集起点の両サイドを狙う

最も重要な「スペース」は、ボールを最短距離でゴールラインへと運ぶことのできるエリア。ラインアウトやスクラム、またはブレイクダウンでボールの争奪が起こり、ラック、モールが形成される際、その密集の起点の横、ラックの両サイド（Ｐ67図の[1]）です。**ボールを運ぶ距離が短く、ゲインラインの突破、トライまでに必要なプレーヤー、パスの回数も少なくすみ、エラーの確率が低くなります。効率よくスコアを得ることができると言えます。**

ボール争奪エリアから遠い場所を狙う

次に、攻めるべき2つ目のスペースは、ブレイクダウンでボールの争奪が起こっているエリアとは逆側のサイド（P67図の②）です。**ブレイクダウンで両チームの選手が密集すると、逆サイドには、攻撃側、守備側ともにポジションを取る選手の数が減り、大きなスペースが生まれます。**

ボールを持って走る人の移動スピードよりも、パスをつないでボールの移動スピードが速いことを利用します。横へのパスを重ねて、その大きなスペースでゲインラインの突破を図ります。ボールをコントロールすることで、ポゼッションの時間をつくり、フィールドポジションもペースもアタック側が握ることになるので、相手へのプレッシャーがかかっていると言えます。

ディフェンスラインの裏を狙う

3つ目の「スペース」は、相手のディフェンスラインの裏にある、バックフィールド（P67図の③）です。ディフェンス陣はボール位置を基点にハーフウェイラインと平行に、ほぼ1本のラインで並びます。ディフェンスライン後方は相手のバックスリーと呼ばれる、フルバック、

バックスリー
左右のウイングとフルバックの3人のバックスを合わせた名称。

なるほど!!

狙うべきスペース

O アタック側の視点

敵陣の横幅15mライン付近のセットピースは最も基本的、かつ理想的な場面です。3つのスペースに優先度はありますが、相手ディフェンスの弱点がどのスペースにあるのか、試すことにもなります。選択肢が多いので、チームの勢いが出るアタックをしたいところ。

D ディフェンス側の視点

アタック側同様、相手オフェンスの強み、弱みがわかります。どのスペースも狙われますが、1のスペースを突かれたら必ず止めなければいけません。セットピースのサイドにディフェンスを置くことは必須。2を突かれた場合は2パス以内に捕まえたいところ。

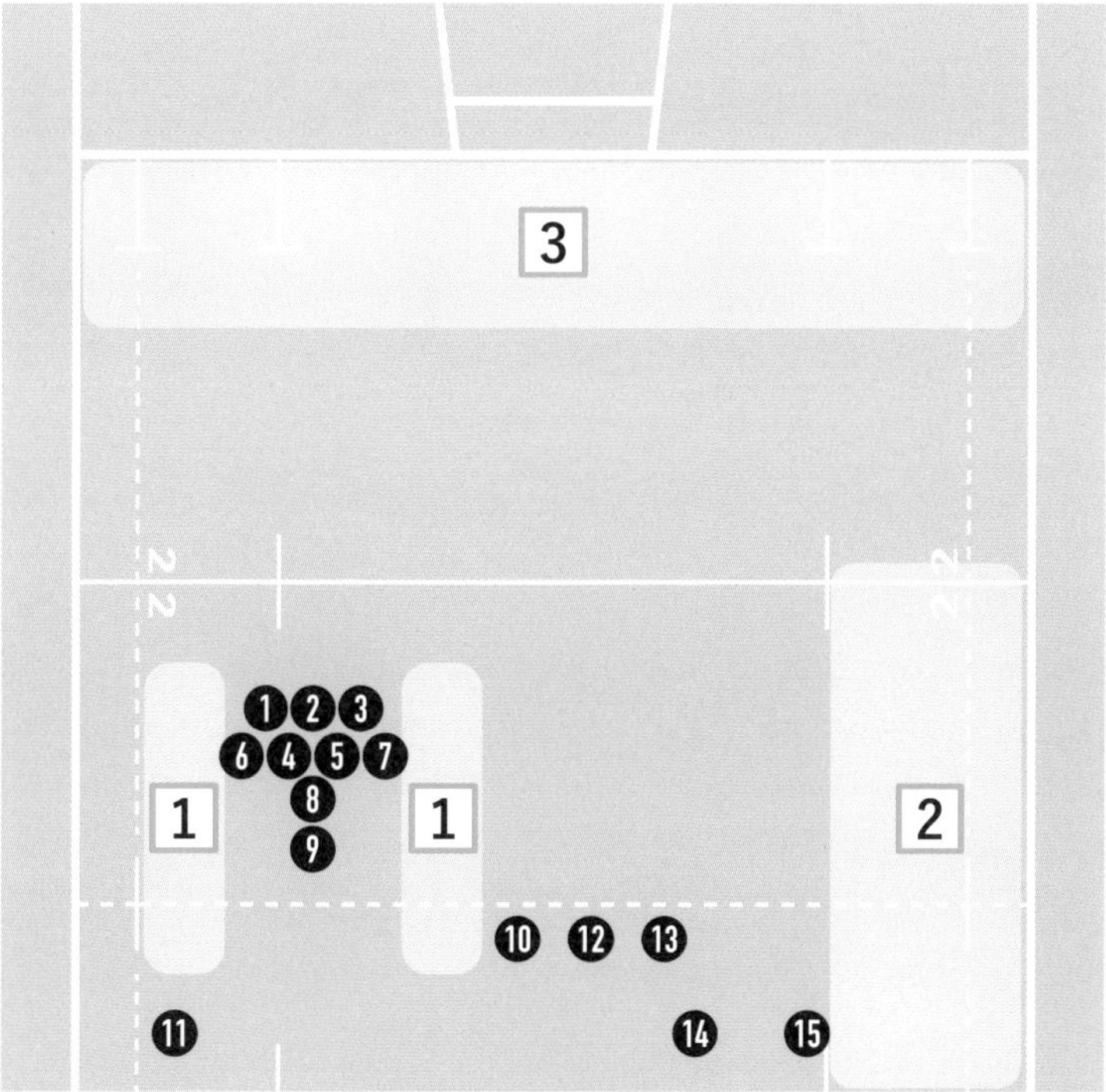

❶ アタック（❶〜❽はFW）

戦術をおもしろく見るツボ❶

15メートルライン付近でのセットピースはゲーム中、何度も起こります。どのスペースを攻めるかで、アタック、ディフェンス、双方のゲーム戦術、意図がわかります。ゲーム中、時間帯、点差、モメンタムでどこを突くのか変化するところに注目です。

ウイングが控えています。それでも**相手陣のバックフィールドは、バックスリーの選手だけでは、カバーし切れないため、スペースは存在します。アタック側は、そのスペースにロングボール、コンテストボールを蹴ることで、ボールを前進させます。**

この３つのスペースを攻めることで、相手に「３つのプレッシャー（３Ｐ）」を与え、ボールを前進させます。ただし、守備側もこれらのスペースの重要性を認識しているので、対応したディフェンスを敷いてきます。

ユニットでアタックを仕掛ける

攻撃側は、相手の守備が強固で、前進への活路を見出せないと、アタッキング・シェイプをつくり、**アタックの継続を行い相手を意図的に動かして、スペースをつくり出していきます。**ディフェンス側のハイプレッシャーの中、**フォワードとバックスが一体となり、ユニットでアタックを仕掛け、ゲインラインの突破と、両サイドへのボールの移動を図ります。**

代表的なアタッキング・シェイプには、「１３３１」「１３２２」「１２３２」と呼ばれるものがあります。４桁であるのは、ユニット（ポッドとも言う）を４つつくるということ。数字はグループ内のフォワードの人数を示します。ユニットをフォワードの人数で表しているのは、フォワードのシェイプでの役割を明確にするためです。

ウイング
左のウイング11番と右のウイング14番。トライを取ることを求められるプレーヤー。瞬発力、持久力も備えたスピードスターで、トライへの嗅覚が重視される。ジャンプキャッチの能力も必要。

ユニット
アタッキングシェイプやディフェンスラインでも、グループで組織的に攻守を行う、そのグループ。アタッキングシェイプでは、フォワードを中心にバックスがサポートする3、4人のグループになる。

なるほど!!

スペースを攻める戦術① 1331

アタック側の視点

「1331」のうち、3、3のユニットで確実に前へ進みたいシェイプです。この2つのシェイプで突破、もしくはブレイクダウンで優位に立つには、フォワードの強さだけでなく、スクラムハーフがボールを出すスピード、リズムが重要となります。

ディフェンス側の視点

ラックサイドを十分に警戒して、3、3のユニットに対して、確実にプレッシャーをかけたいところ。ここでアタック側の出足を止めることができたり、パスを遅らせることができると、逆サイドのスペースを狙われても不利になることが少なくなります。

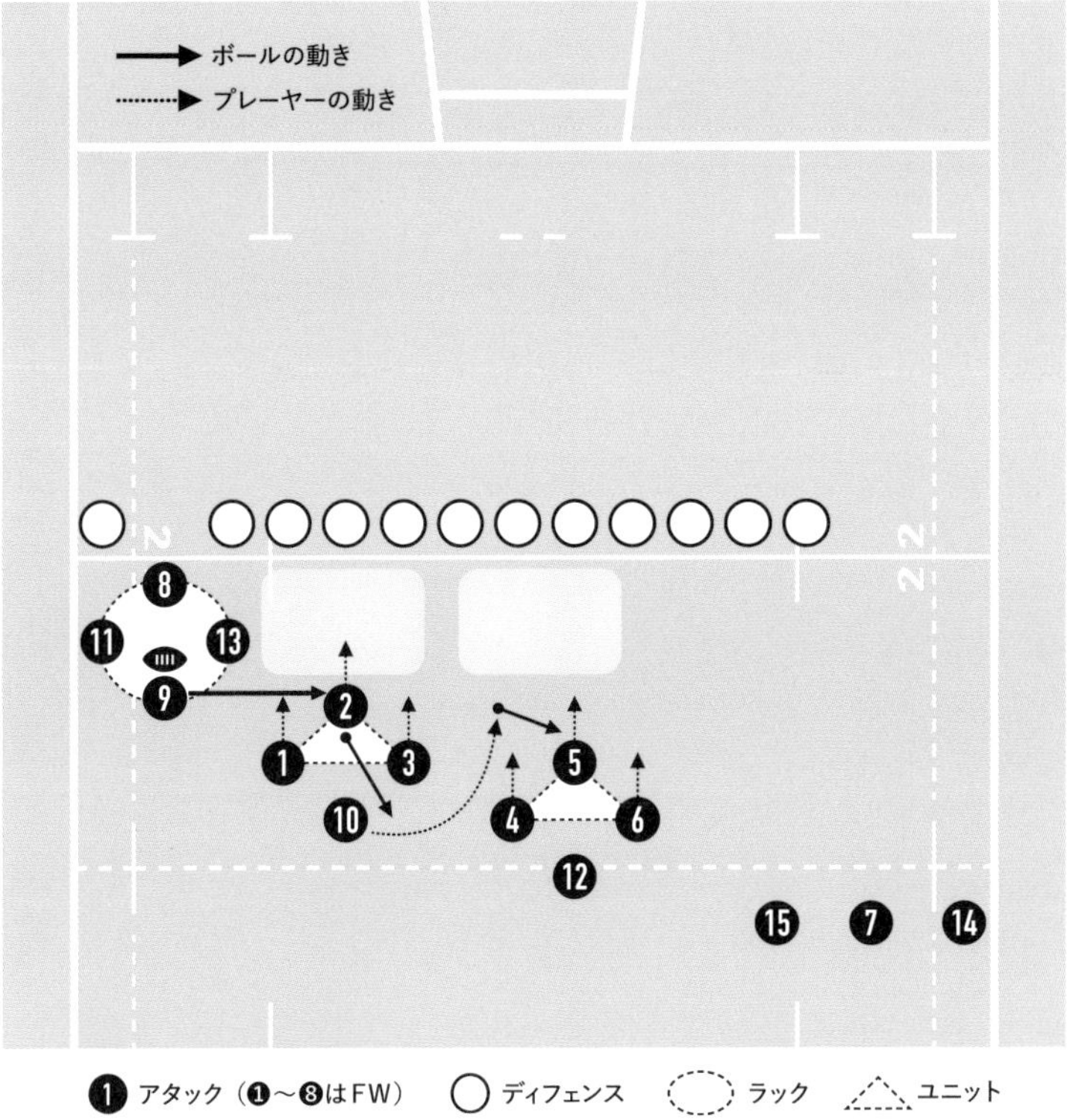

戦術をおもしろく見る ツボ❷

オーソドックスなシェイプのため、見る機会が多いと思います。「ポゼッションラグビー」と言った場合、このシェイプを選択することが多いので、アタック側の意図がわかります。逆サイドまでボールが回り、ゲインラインを突破できるか、が見どころです。

アタッキング・シェイプからのプレーは単純化しており、サポートを途切れさせずに、ポゼッションをつくることができます。その中で、状況に応じて、スクラムハーフ、スタンドオフのゲームメイカーがプレー（オプションプレー）を選択します。

アタッキング・シェイプ「１３３１」

代表的な「１３３１」（Ｐ69）は、中央のユニットを「３」「３」と強くしたアタッキング・シェイプです。**中央でのブレイクダウンで優位に立ち、９番のスクラムハーフからボールを出し続けるので、現代ではオーソドックスなシェイプですが、逆サイドでのゲインラインの突破、ボールポゼッションを上げることが比較的容易**となります。ボールを失うリスクが低いためポゼッションで、プレッシャーをかけるには最適です。

アタッキング・シェイプ「１３２２」

「１３２２」（Ｐ71）は、**「１３３１」より外側へ重心を移したアタッキング・シェイプ**です。スクラムハーフと、10番のスタンドオフの２人でゲームメイクをします。プレースピードが上がり、スタンドオフが精度の高いキック力を持つプレーヤーであることが多いため、パスとともにキックでのアタックも選択しやすくなります。

スクラムハーフ
背番号９番。ハーフバックスの１人。常にラックからボールを取り出し、配給する役割を担う。スクラム時にもボールを投げ入れる。パスのタイミングとスピードでリズムをつくるゲームメイカー。

なるほど!!

スペースを攻める戦術② 1322

アタック側の視点

ボールが回ったところで、キックも含めて、最適な攻撃の選択をしたいところです。ブレイクダウンで滞留しても、両サイドにアタックできますが、プレースピードを上げて、ディフェンスが遅れ気味になり、穴が開いたところを狙いたいです。

ディフェンス側の視点

ディフェンスの狙いどころを絞りにくいシェイプです。外側にも2枚のフォワードがおり、スタンドオフもボールを動かしてくるので、ディフェンスラインが横に広がり過ぎてしまうことがあります。ディフェンダー同士、横との連携が重要となります。

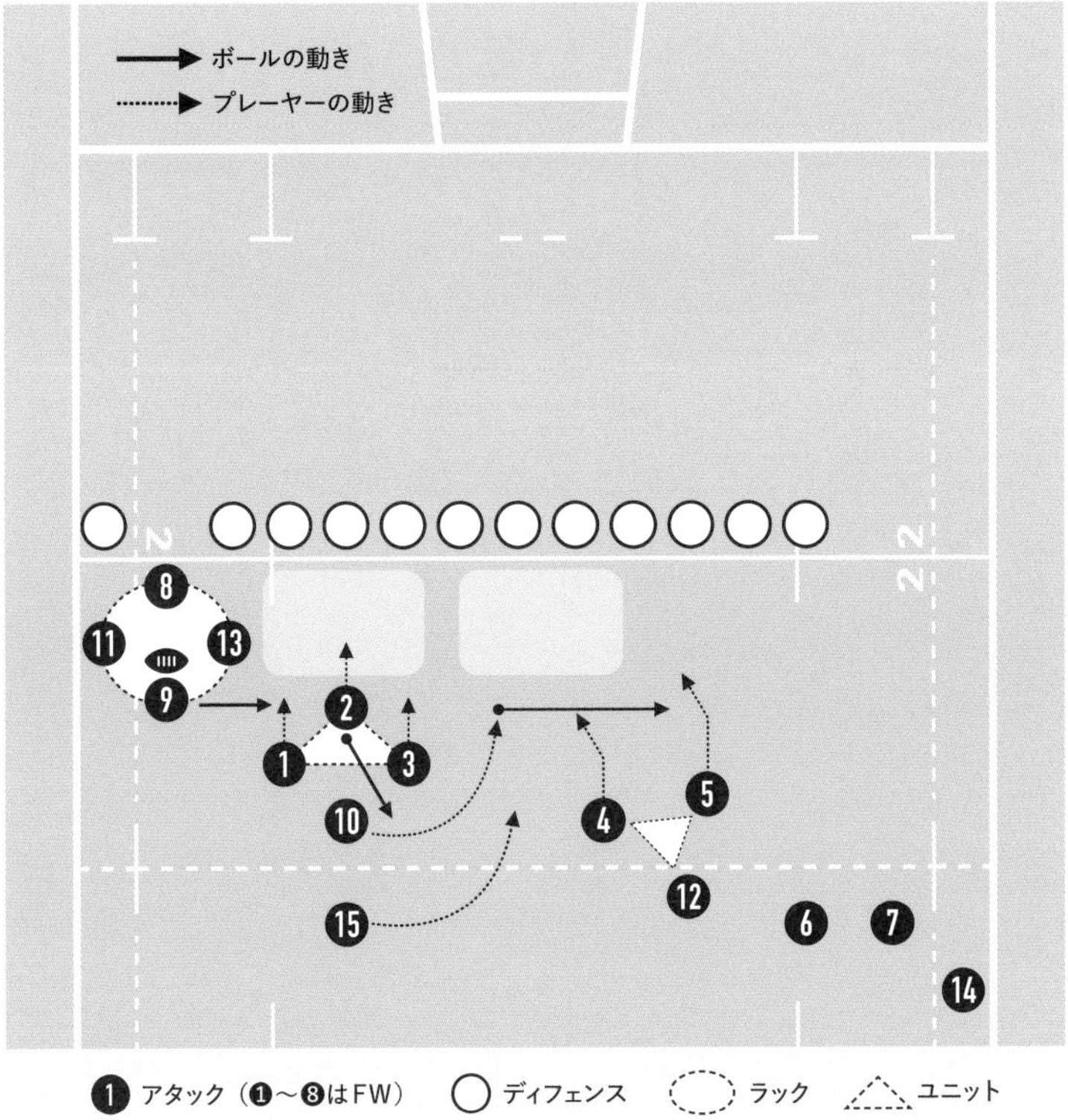

戦術をおもしろく見る ツボ❸

9も10もボールを動かしてくるので、プレースピードが速いアタック。ディフェンスラインがついていけるか、崩れるのかという駆け引きも見られるでしょう。10→15のオプションもあり、フロントラインが埋まっている場合、キックでのアタックの可能性もあります。

また、外側のユニットにフォワードが2枚おり、フェイズが重なっても両サイドからのアタックが可能。攻撃の選択肢が増えます。外側に重心があることに加え、ユニット同士の間隔は、パサーの能力によりますが、通常の（精度の高いパスを放れる限界の）7メートルよりも広げられて、相手守備陣を間延びさせることもできます。

アタッキング・シェイプ「１２３２」

「１２３２」（P73）は、**外側にパワーのあるフォワードを置きながら、スタンドオフにゲームメイクを任せるため、両サイド、キックなど攻撃のバリエーションが増えるアタッキング・シェイプ**です。守備側はさらに間延びさせられ、ディフェンスの的を絞りにくくなります。

これ以外にも、「１４２１」「２２２」など、選手の特徴やチームのスタイルに合わせたシェイプが存在します。

新たなスペースを生み出すシークエンス

アタックの戦術は、ラインアウトやスクラムのセットピースから始まることがほとんどです。近年、スクラムの回数が減っていることからすると、ラインアウトから、タッチライン際でのモール、ラック、ブレイクダウンが最初のフェイズになります。

なるほど!!

スペースを攻める戦術③ 1232

アタック側の視点

ボールが回るスタンドオフのアイデア、スキル、状況判断がアタック全体に影響を与えます。「1232」の「3」が10番と連携をとることで確実に前へ出ることができると、攻撃の選択肢が増えます。ディフェンスラインを分断することも可能になります。

ディフェンス側の視点

相手のアタックの重心が「1322」以上に外側に置かれるので、ディフェンスラインの連携が最重要になります。ラインを分断されないこと、ラインが間延びすることで、逆に内側のディフェンスが薄くなる危険性もあり、注意したいところです。

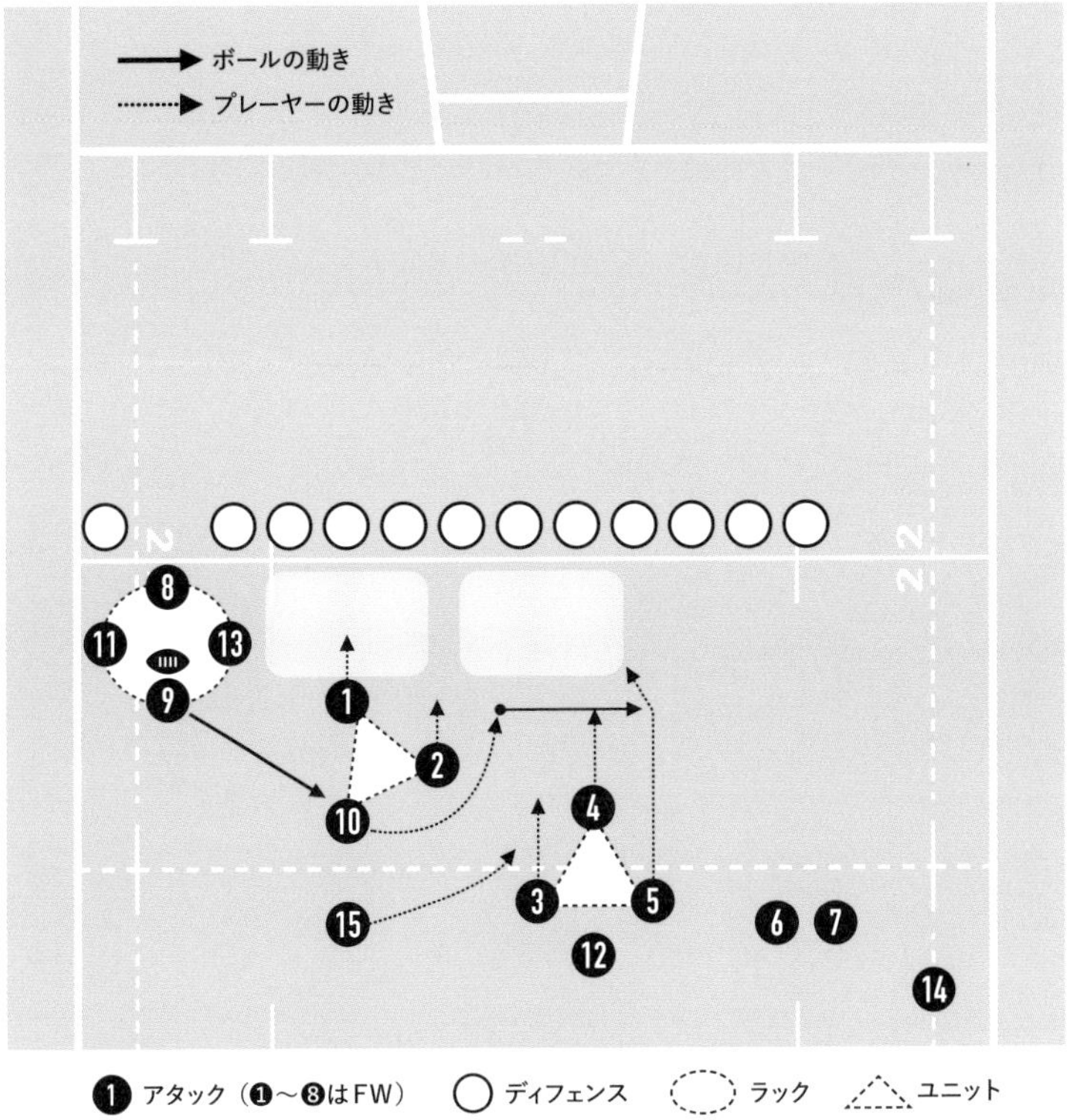

戦術をおもしろく見る ツボ④

アタック側は「1232」の「3」に最も突破力のあるプレーヤーを置くことが多いので、どうアタックを仕掛けていくのかが見ものです。突破できないとしても、サポートが継続されていると、次のプレーで両サイドへアタックが可能なのでその後の展開にも注目です。

すると、タッチライン側のスペースは狭い（5メートル以内）ので、アタックの方向が限定されてしまいます。それでは**攻撃の選択肢が狭まるので、アタック側は戦術として、ブレイクダウンの位置をフィールド上の優位な場所につくり、新たにアタックできるスペースを生み出すことを行います**。それを「シークエンス」と呼びます。これを、「３１」「２１」「１１」といった言葉で表します（P75）。

通常のシークエンスの動きは、ラックからフィールドの逆サイドにパスを重ねる、もしくは、相手ディフェンスとコンタクトしブレイクダウンを重ねながらラックから逆サイドへ、「順目」と呼ばれる方向へボールを動かしていきます。

しかし「３１」は、3フェイズ、順目へボールを動かしたら「逆目」と呼ばれる逆側へと反転します。「２１」は2フェイズで反転、「１１」は1フェイズで反転します。その目的は相手ディフェンスラインを動かし、前述したスペースをつくり出すためです。

ボールがパスでつながれていき、ディフェンス側の内側にいるディフェンダーは、ボールがこちらへ来ないことがわかった時点で、ボールが運ばれているエリアへディフェンスのサポートへ向かいます。

そのディフェンスのサポートスピードが速ければ、陣形を崩さずアタック側の攻撃スピードについていけますが、遅れ始めるとシステムは崩れ、ディフェンス側にギャップができます。

順目
基本的にはオープンサイド、展開してきた方向へボールをパスして回すこと。

逆目
ボールを回して展開してきた方向とは逆方向へパスして回すこと。順目に対して逆目と呼ぶ。

なるほど!!

スペースを攻める戦術④シークエンス

O アタック側の視点

決められた通りのプレーなのでプレーヤー全員が同じ意図を持って動き、難しいプレーではありません。しかしディフェンスよりも速いスピードで行うこと、ディフェンスの穴を見つけることが重要で、逆目に変化したところでゲインラインを突破したいところです。

D ディフェンス側の視点

アタック側のフェイズのスピードについていくことが重要です。順目から逆目に変化してもしっかりディフェンスを続けたいところです。アタック側が、順目か逆目か、意図が読めると、ディフェンス側が逆にプレッシャーをかけることも可能になります。

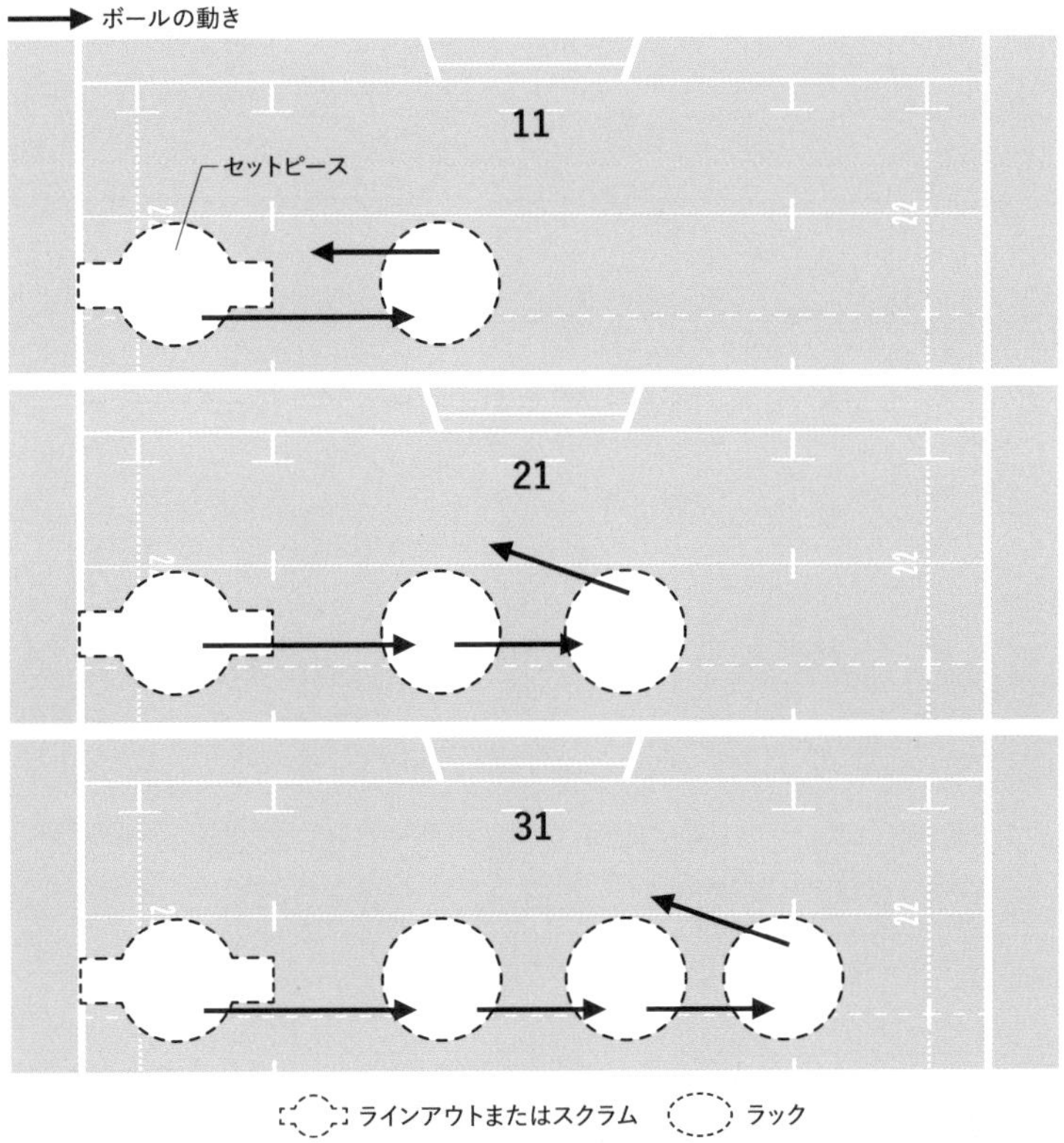

戦術をおもしろく見るツボ⑤

シークエンス自体は、古くからある戦術なので、よく見かけることになると思います。もし、ディフェンス側が順目の対応が速い場合、逆目のところで勝負できるようにボールが回るようにデザインするので、チームの強み、意図が見えてきます。

攻撃側はそのスペースを攻めていきます。

15メートル間隔で動かすシークエンス

シークエンスには、ラックの回数ではなく横幅に基づいた、5レーンという考え方もあります。フィールドの横幅にボールサイドから15メートルライン、内側のゴールポストのライン、外側のゴールポストのライン、逆サイドの15メートルライン。この4本の仮想のラインを引き、ボールをそのラインまで動かしたら反転するという考え方です。

チームは、**ラック数を考えずに、決めたラインまで、アタックをするので、横への移動距離を気にすることはありませんし、ポジショニングに柔軟性があります。**決められたラインというのは、逆サイドの15メートルラインでの折り返し、外側のゴールポストのラインでの折り返し、内側のゴールポストのラインでの折り返しとなります。

いずれにしても、**ブレイクダウンの位置をフィールド中央に置くと、ディフェンス側は両サイドに分かれざるをえず、アタック側が攻めるスペースは広がります。**

また、**ディフェンスの移動スピードが遅ければ、それだけ外側にスペースができ、シークエンスで反転した場合もディフェンスの穴、スペースが生まれやすくなります。**

15メートルライン
タッチラインから15メートル内側に、タッチラインと平行に引かれるライン。フィールドには白色の破線で示される。ラインアウトをはじめリスタートは15メートルの外側で行われることが多いため最も重要なエリアとされる。

どの戦術を使うか？「ポゼッション志向」

アタッキング・シェイプやシークエンスは、技量を持ったプレーヤーの質と数、組織力などによって決められますが、目指すべきプレースタイルにもよります。

「ポゼッション志向」のチームは、中央のエリアで安定してボールを運びやすい「１３３１」のアタッキング・シェイプを選択し、「３１」「４１」のように常に順目にボールをパスし続けます。

ボールポゼッションを上げながらプレッシャーをかけ、相手ディフェンス陣の穴を探します。ただし「ポゼッション志向」のチームは、常にアタックを続け、ボールを保持し続けるため、マラソンを最高速で走り続けるようなものです。プレーヤーには高強度のフィジカルが80分間必要とされます。

どの戦術を使うか？「リビルド志向」

逆に「リビルド志向」のチームは、キックボールまでも念頭に置いた、攻撃の選択肢の多い「１３２２」などのアタッキング・シェイプを選択します。そして「２１」「１１」などボールポゼッションよりも、**ボールを動かすスピードを上げ、相手ディフェンスの混乱を誘います。**

ポゼッション志向

狭義にはボールを保持すること。パスを回してボール支配率（ポゼッション率）を高め、相手にボールを渡さず前進する戦術を指す。ただしパスを回し続ける戦術は、エナジーを使い、テリトリーを失うリスクもある。

リビルド志向

積極的にトランジションを起こし、アンストラクチャーの状態で再獲得、アタックを狙う戦術。ポゼッションよりもテリトリーを重視し、キックを多用する。ストラクチャーを壊してリビルド（立て直す）を繰り返す。

自らのペースでアタックを続けることで、相手にプレッシャーをかけ、コンテストキックなどトランジションを起こしてでも、テリトリーを取り、ボールを前進させます。

自らボールを手放しても、相手がアンストラクチャーに陥っている間に、再獲得を狙い、トランジション・アタックを仕掛けます。**このスタイルは「ポゼッション志向」のように長時間、高強度のフィジカルは必要とされず、エナジーを使い果たすことはありませんが、１００メートル走のような瞬発力と、再びトランジションを起こすために、チーム内で役割分担を行うなど組織力が求められます。**

サッカーと違うラグビーのポゼッション

ボールポゼッションにおいては、状況はサッカーとは少々異なります。

サッカーの場合、２０００年代のＦＣバルセロナやスペイン代表チームの「ティキ・タカ」のように、プレーヤーが常に適切なポジションを取り、パス数を増やして、ボールを回すことで、ボールポゼッションを上げることができます。ボール支配率１００％も可能であり、それを達成できればゲームに負けることはありません。

しかし、ラグビーでは、相手ディフェンスは常にオフサイドラインの後ろにしかいません。ラグビーは、前方へパスができないため、パスを回すたびにボールは少しずつでも下がってい

ティキ・タカ
サッカーにおいて、短いパスと多様なパスコースをつくるポジショニングでボールを保持し続ける戦術。足元の技術、高度なパススキルが求められる。「ティキ・タカ」はパスを回すことの表した擬音と言われている。

オフサイドライン
プレーに参加できるエリア、オンサイドと、参加できないオフサイドを分けるライン。状況によって変化する。基本的にボールを持っている、または最後にプレーした味方からハーフウェイラインと平行に引いた仮想ライン。

きます。

つまり、ポゼッションのみを追求した場合は、チームは陣地を後退していくことになり「プレーの原則」から外れてしまいます。逆に言うとディフェンスの前進が成功していることになります。それを防ぎながらボールポゼッションをするには、パスをしつつ、同時に前進するアタックを仕掛け、ボールの争奪と継続を続けなくてはいけません。

サッカーにおいてボールポゼッションは、自ら攻撃のペースをつくり出し、エナジーを温存しながらゲームの主導権を握ることのできる戦術ですが、ラグビーの場合、ポゼッションとフィールドポジションとペースを得るには、前述のようにプレーヤーには長時間、高強度のフィジカルが求められます。

ただし、日本代表の元ヘッドコーチ、エディー・ジョーンズ氏のように、日本人の持久力、アジリティの高さを生かすためにポゼッションラグビーを取り入れる例はあります。

トランジションありきの「リビルド志向」

逆に「リビルド志向」というのは、**攻守の入れ替わりであるトランジションが幾度も起こるラグビーというところに重きを置いています。**ラグビーではボールを保持しているからと言って、ゲームの主導権を握っていることにはつながりません。攻から守、守から攻のトランジションが必ず起こるのであれば、積極的にそれを活用して攻めるスタイルです。
サッカーでいう「ハイプレス＆カウンター」戦術に近いイメージはあります。ボールを保持することより前進させることを優先させ、プレースピードを上げ、攻めるべきスペースを見つけたら、勢いを持ったまま突いていきます。

キックも多用し、自らボールを手放してもテリトリーを取りにいくことで、相手ディフェンスにプレッシャーをかけます。アタックからボールを失い、ディフェンスへ移る際、再度アタックを行うことができるように、限りなくうまくボールを手放す方法のひとつになります。

例えば、前述した3つ目のスペース（P66）、相手のフルバックが届かないバックフィールドにロングボールを蹴り込みます。フルバックがボールに追いつくまでに、ディフェンスラインを上げ切れば、テリトリーを大きく獲得し、相手はボールと攻撃権を得ても、アンストラクチャー（非体系化）な状態になります。

ネガティブからポジティブへ組み立て直す

エリートレベルのチームでは、3フェイズでアンストラクチャーからストラクチャーな状態に戻ることができますが、トランジションが起こり、それから3フェイズの間に、トランジション・アタックを仕掛けていきます。

ハイプレス＆カウンター
サッカーにおいて、守備時に相手陣の深い位置からボールホルダーに、組織的なプレスをしかけ、ボールを奪うと速攻でゴールを狙う戦術。ティキ・タカのようなポゼッションサッカーの対極にあると言われている。

ロングボール
テリトリーを取りにいく飛距離の長いキックボール。相手のバックフィールド、ディフェンダーがいないエリアに蹴り、自チームのラインを上げていく。

その結果として、勢いが生まれ、相手にプレッシャーをかけ続けることで、再びトランジションを起こすことができます。

また、トランジション・スピードを上げると、攻から守のネガティブ・トランジションであっても、**プレッシャーをかけることで、相手のミスを誘発させることもできます。アタックの陣形が整わない状態にプレッシャーをかけることで、再びポジティブ・トランジションを起こし、組み立て直す（リビルド）ラグビーが可能**となります。

キッカーの精度が高ければ、コンテストキックでボールを失わないまま前進することも可能。また、常にスペースを突きゲインラインを越え、ボールを前進させると、相手ディフェンスは、オフサイドラインの後ろへ下がらざるをえず、プレッシャーをかけ続けることになります。

リビルドラグビーに必要なのはハイプレッシャーとトランジション・スピード。アンストラクチャーを起こす時に、次のポジティブ・トランジションをイメージしながらポジションを取ることでしょう。

「リビルド志向」は、伝統的にキッキングゲームで試合をコントロールするヨーロッパ勢、とくにイングランドなどはキックを多用してきます。アンストラクチャーな状態でも、積極的にトランジションを起こすことを狙っていきます。

ポジティブトランジションには相手が蹴ってきたボールをキャッチした場合、ボールの争奪

コンテストキック
ハイパント、コンテストボールとも呼ばれる競り合うことのできるキック。味方が競り合いに参加できるように滞空時間の長いキックを蹴る。多くは15メートルラインの外側へ蹴り、相手のカウンターを警戒する。

でターンオーバーを成功させた場合の2つがあります。どちらの場合も、サポートするプレーヤーを見つけることと、自らのチームのフォワードよりも前方にボールを運ぶことが、リビルドを成功させる要素になります。

キックはゲームの流れを変える重要なプレー

　キックを使った戦術は、ラグビーのゲームにおいて、考えている以上に有効な手段です。ラグビーは、同じフットボールであった、手を使わず足だけでボールを運ぶサッカーと分かれましたが、足の技術をもっと活用してもいいはずです。

　キックの技術には、逆サイドの「スペース」を一気に攻めるためのキックパスや、アタック時に相手ディフェンスラインの裏へ、転がるボールを蹴るグラバーキックもあります。また、キックオフ時やドロップゴールを狙う際に、一度、地面にバウンドさせて蹴るドロップキック、ペナルティゴール、コンバージョンゴールの際のプレースキックもあり、多くのキックは直接、得点につながる、非常に重要な技術です。

　現代ラグビーにおけるキックは、フィールドポジションを取ること、ボールを前進させることにおいて非常に有効です。ディフェンシブな戦術、逃げのキックでは、相手にいい攻撃をする機会を与えることになるため、避けなければなりません。ディフェンス時、ディフェンスラ

なるほど!!

キックの戦術「コンテストキック」

アタック側の視点

コンテストキックは味方がキャッチできる所に蹴りキャッチするためにバックスとフォワードが走ります。キャッチできれば成功。相手がキャッチしてもプレッシャーをかけるため15m内は3人、オープンサイドはフォワードが広がりながらキックチェイスを行います。

ディフェンス側の視点

ディフェンス側がキャッチできるとランかキックか、アタックを選ぶことになります。カウンターでのランニングは上がってくる相手のキックチェイスラインのギャップを攻めます。キックの場合は、空いているスペースへ蹴り込み、相手のエナジーを消費させます。

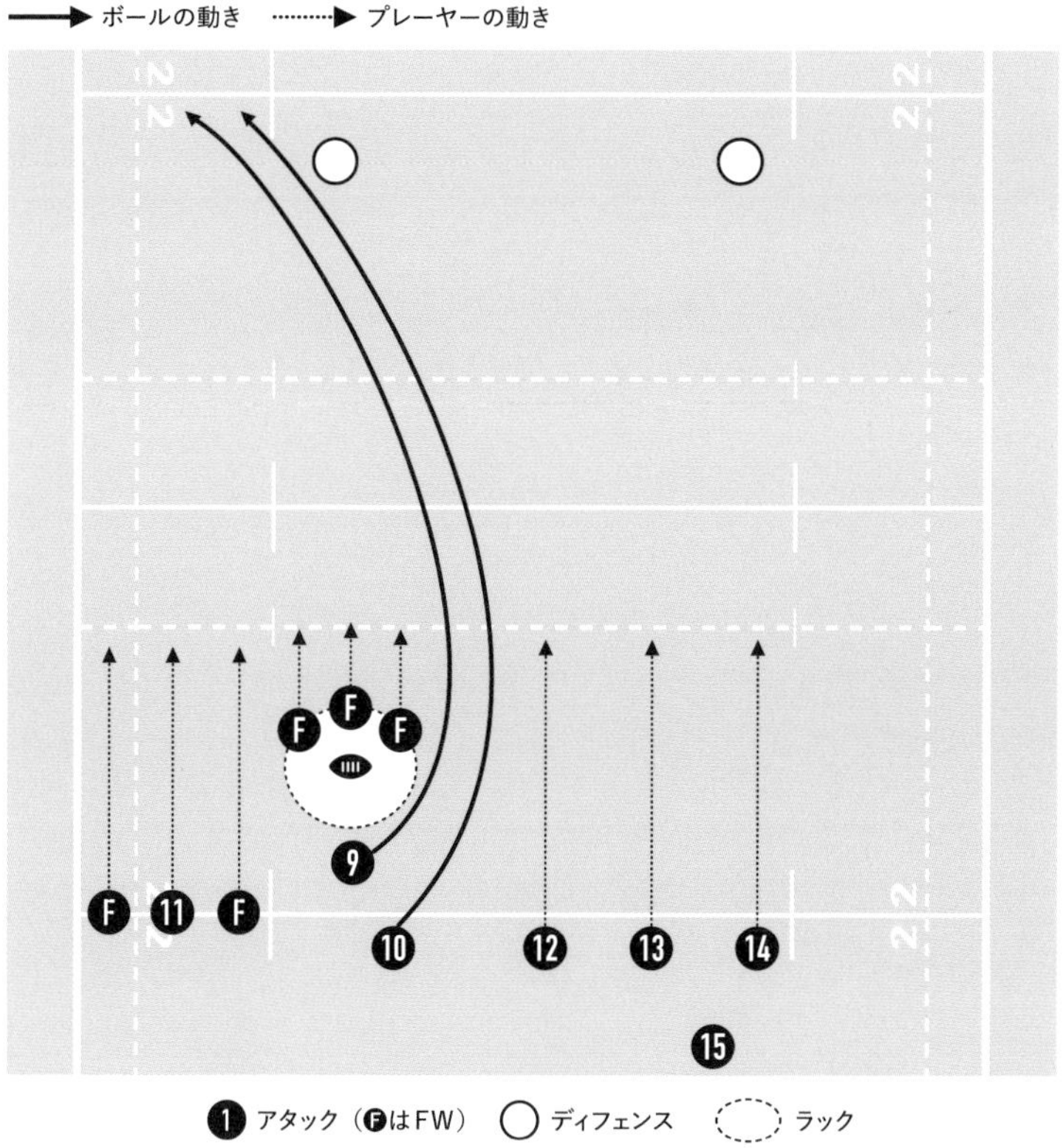

戦術をおもしろく見る ツボ⑥

コンテストキックはジャンプキャッチになり迫力があります。ディフェンス側が獲得したら攻守が入れ替わるので次のプレーが見所。蹴った側は捕られることも見越し1列のキックチェイスラインと呼ばれるディフェンスラインをつくり、上がってくるのでそこにも注目。

イン後方の大きなスペースをバックフィールドと呼び、このエリアは2人で守ることが多く、直接キャッチされないエリアへのロングボールは、攻から守のネガティブ・トランジションですが、同時に次の守から攻へのポジティブ・トランジションを見越した効果的なキックとなります。

そのようなボールを蹴る場合、よく「芝生を見つけろ（Find the grass）」と言います。要するに直接、相手のフルバックにキャッチされるエリアではなく、ボールが転がるエリアにキックしろ、ということです。テリトリーを獲得でき、相手にプレッシャーがかかる状態になります。タッチキックについても同様です。**うまくフィールド内で転がり、タッチラインを切れば大きく前進することにつながります。**

コンテストキックにおいては、ボールの争奪と考えると50：50の状態であり、スクラムやラインアウトと同じと考えます。アタック側が再獲得すると前進を継続し、プレッシャーを与えることができます。またディフェンス側が獲得すると、アタック側にとってはネガティブ・トランジションが起きるので、ハイプレッシャーをかけ、ターンオーバーや、相手のミスを誘うことができれば、再びポジティブ・トランジションを起こすことができます。

キックのエリアマネジメント

キックの一般的なエリアマネジメントとして、３つのラインでフィールドを４分割します。自陣の22メートルライン、ハーフウェイライン、相手陣の22メートルラインです。自陣22メートルライン以内は、フィールドポジションを挽回するために、テリトリーを取りに行くことを第一に考えます。自陣22メートルラインからハーフウェイラインまでも、明らかに優位でなければエリアの挽回を優先させます。相手陣に入った２つのエリアでは、デザインされた戦術で攻撃を行います。

このエリアマネジメントの考え方に加えて「キックラックレート」というものがあります。その意味は、**キックとラックの比率、１回のキックするまでに何回、ラックがつくられるかというものです。具体的にキックラックレートが１：２であると、２ラックで１回のキックが起きたことを示します。**

エリアマネジメントの中で、分割された自陣の２つのフィールドでは、エリアの挽回を第一に考えると言いましたが、キックラックレートはそれを戦術的、数値的に示すものになります。

キックに対するラックの数＝キックラックレート

戦術のセオリーとして、自陣の最も深いエリアでは、キックラックレートを1：0から1：1に設定します。つまり1回のラック、もしくはラックが起こる前にボールをキックしろ、ということです。22メートルラインからハーフウェイまでの自陣のエリアでは、1：3、3回のラックのうちにキックを蹴ります。相手陣に入ると、キックラックレートは上がります。ハーフウェイラインから相手陣22メートルラインまでは、1：5となり、それ以上、ゴールラインに近づいたエリアではキックラックレートは設定されません。

相手敵陣エリアで1：5というキックラックレートを設定した際は、5回ラックが起きたら、キックを蹴ろう、ということですが、キックはボールを手放すことですから、戦術的には、5ラックのうちにトライにつなげろ、という意味です。もうひとつは、5フェイズの攻撃でも次のエリアに進めないのであれば、考え方を変えてキックで「前進」を図ろうという意味も含まれます。

これは先ほど、相手陣に入ったエリアでのセットピースは、3フェイズでトライにつながるストラテジーをデザインする、といったことにつながります。実際のゲームでは、キックラックレートは戦術的な設定より大きくなることが多いのですが、アタックを続けることはエナジーを大きく消費するので、自らのエナジーコントロール、ゲームコントロールにとっても、キックラックレートを設定することは重要です。

コンテストボールを選択した場合、ネガティブ・トランジションが起こることを考えておかなければなりません。とくに、フォワードが15メートルラインの内側で連携をとりあうことが大切です。

再獲得ができなくても、キャッチした相手にプレッシャーをかけられるように、キックチェイスラインをつくり、幅を取りながら上がっていきます。それができなければ、相手にとっては守から攻へのポジティブトランジションとなり勢いを相手に渡してしまいます。

テリトリーを取り合うキッキングゲーム

キックの戦術には、ロングキックを蹴って、テリトリーを取り合う「キッキングゲーム」があります。フルバックやキッカー同士の能力の争いになりますが、**相手のフルバックより距離の長いキックを蹴ることができれば、テリトリーを取ることができます。敵陣の22メートルラインの内側まで押し込むことができれば、相手はタッチラインに逃げるしかなくなります。**

また「キッキングゲーム」は我慢争いとも言えます。キックの応酬が続くと、次第にフォワードのキックチェイスラインはキックされたボールの方へ寄ってしまい、ディフェンスは崩れてしまいます。

そこを足の速いバックスがボールを持ってランニングし、大きくゲインすることが可能となります。ただし「キッキングゲーム」は、自陣の深いエリアから仕掛けてしまうと、いくらフルバックにキック力があっても明らかにテリトリーを取るという意味では不利なので、自陣の10メートルライン付近から始めるのがセオリーです。

ストラクチャー（体系化）とアンストラクチャー（非体系化）

ラグビーというゲームは、ストラクチャー（体系化）されている時間よりも、アンストラクチャー（非体系化）な時間が多い競技です。同じフットボールであったサッカーは、ほぼストラクチャーされた時間の中で、戦術をぶつけ合う偶発性の低いゲームですが、**ラグビーは転がる先のわからない楕円球のように、偶発するアンストラクチャーがベースにあります。**

その理由のひとつは、**80分間の試合の中で、チームの15人全員が立ってプレーをしている時間がほとんどない**ことでしょう。何人かはラックに巻き込まれてグランドに倒れている、相手とのコンタクトによってグラウンドに横たわっている選手もいるでしょう。戦術を遂行するためには、15人が立って、オンサイドプレーヤーになっていることが重要な要素になります。

また、**ボールの位置によって、オフサイドラインは常に移動し続けます。**それにより、アタック側はラインに追いつくように走り続け、ディフェンス側はオフサイドラインの後ろへ戻ることを強いられ、双方ともにエナジーを使い、正しいポジショニングを取るだけの時間がなかなか与えられません。つまり、**いくらプレーをデザインしても、完璧にミッションを遂行することは難しいゲーム**です。

戦術デザイン通りにいかない。それがラグビー

アタッキング・シェイプを１種類だけ完成させるだけでも、オプションプレーや成熟度を追求すると１シーズンはかかります。１００％を求めれば、4シーズンは時間がかかるでしょう。それでいて完成された**アタッキング・シェイプが1ゲームの中で、全員が適切なポジションを取り、デザイン通りのボール運びができる時間は、おそらく10分もない**でしょう。**ほとんどの場合、人が足りない、ポジションが適切ではないなど、欠けた部分を持ったまま、ミッションを遂行し、トライにつなげています。**

戦術を説明しながら変な話ですが、それがラグビーです。ここまで紹介してきた戦術も、アンストラクチャーなプレーの中からストラクチャー化できる要素を見つけ、体系化してきたとも言えるでしょう。局所的な数的優位やミスマッチを起こさせるのも、これまで数十年、数百

年のプレーの積み重ねで表れ、わかってきたポイントを、ストラテジーとして取り入れているということです。いくらストラクチャーを積み重ねても、トランジションが常に起こり、ボールの転がる先がわからない限り、アンストラクチャーな時間はなくなりません。

ボールを保持し、システム的に前進するポゼッションラグビーは、アンストラクチャーを少しでも減らそうとするラグビーと言えるかもしれません。また逆に、リビルドラグビーは、有利な時間帯に意図的にトランジションを起こし、アンストラクチャー化し優位を取るラグビーだと言えると考えます。どちらにしても、その偶発性、アンストラクチャー性がラグビーの醍醐味でしょう。

4 「プレーヤー」を攻める戦術

相手のディフェンスへの「３Ｐのプレッシャー」（Ｐ65）のもうひとつ柱「プレーヤー」を攻めることです。その代表的なプレーである、スクラムやモールは、観戦する側としても、とてもラグビーらしいプレーと感じられるでしょう。

「プレーヤー」を攻めるというのは、歴史をさかのぼっても、産業革命以前、イングランドやスコットランドで民俗フットボール（Folk Football）、集団フットボール（Mob Football）と呼ばれ、まだラグビーとサッカーが同じものであった頃からの伝統的なプレーです。

中世のフットボールは、50人から１００人、多いときは５００人の市民がボール（牛や豚の膀胱を膨らましたもの）を争奪するものでした。両チームの群衆がぶつかり、押し合い、現在でいうスクラム、モールが何時間も続くことが当たり前でした。

ランやキックよりも、スクラム、モールが多く、膠着している集団（スクラム）に指示が飛び、チームの連携を図っていたと言われています。つまり、「プレーヤー」を攻めることは、**ラグビーにおいて、それが現代的な得点を争う競技ではなく、原始的なボールを奪い合い、スポーツの原点を示すプレー**であるとも言えるでしょう。

スクラムやモールは、ある一定の形を保ちながら、人を攻めボールを前進させるプレーです。

ほかにも「スペース」を攻める戦術で最も重要だと話したラックサイドを、パワーのあるフォワードで突いていくプレーも「プレーヤー」を攻める戦術のひとつと言っていいでしょう。

攻め続ける理由

相手ディフェンスは、ラックサイドのスペースの重要性を認識し、フロントラインのフォワードをポジショニングし、当然警戒しています。しかし、それを相手に対してフィジカルで上回るプレーヤーを使い、粉砕して前へ進みます。ゴールラインへ一直線に、パスをせず、「プレーヤー」を攻めきってボールを前進させるのは、効率が最もよく、エラーの可能性も低いプレーです。

ただし、ラックサイドには必ず至近距離にフォワードがいるので、フィジカルで上回るには個だけの力では難しく、攻守ともに近いサイドに位置するプレーヤーのサポートスピード、パワーがプレーの成功率を決めることになります。

ここまで説明してきたアタッキングシェイプなどの攻撃戦術は、対応するようにディフェンスにも高度な戦術（詳しくは後述します）、さらにポジショニングスピードを要求します。**ラックサイドで「プレーヤー」を攻めることで、どうしてもディフェンスラインはラック周辺に寄っ**

てきます。

　圧倒的なフィジカルの差をつくれず、ラックサイドの「プレーヤー」を攻めることが成功せず、ゲインラインを突破できなかったとしても、フェイズは続きます。それは**ボール保持を続けていれば、次のフェイズで逆サイドの「スペース」を攻める攻撃に切り替えていくと、ディフェンスの注意がラックサイドに集中していたことで、成功率が上がるから**です。

パスと見せかけて前進する「ピック・アンド・ゴー」

「ピック・アンド・ゴー」も、「プレーヤー」を攻める代表的プレーです。ブレイクダウンが起こり、ラックからの展開が速いフェイズを重ねていくと、ディフェンスは、スペースを埋めることに注意が集中していきます。

　ディフェンス側は、ラック自体へのディフェンスがおろそかになります。**攻撃側のスクラムハーフのポジションに入ったプレーヤーが、ラックからボールをピック（拾い上げ）、パスで外のスペースへ運ぶと見せかけて、そのまま直線的に走りゴー（前進）するのが「ピック・アンド・ゴー」**です。ラックへのディフェンスを足の遅いフォワードが担っていると、ミスマッチが起こり、足の速いスクラムハーフ、もしくはスクラムハーフのポジションに入ったプレーヤーが、相手ディフェンスのフォワードを突破するプレーとなります。

ラックへのディフェンスが遅いと「ピック・アンド・ゴー」のチャンスは広がります。アタッ

スクラムハーフがラックからボールをピックする

ク側は、自分たちのペースでプレーができているため、ディフェンスにプレッシャーをかけています。この様な状態からの「ピック・アンド・ゴー」は効果的です。

ディフェンスの意識をそらす

また、スクラムハーフだけでなく、ユニットを組み、ラックに参加しているフォワードが「ピック・アンド・ゴー」を行うこともあります。フィジカルの強さで、応対するディフェンスを明らかに上回る場合や、ディフェンスのサポートが遅れている場合、ディフェンスの意識が外のスペースへ向いている場合は、容易な前進を生み、トライまでつながる可能性が高い攻撃となります。

ディフェンスの意識をそらし、相手のプレーが遅れるほど、アタック側が自分たちのペースでアタックができていると言えます。つまり3項目のプレッシャーがかかっているということです。この前提がないと「プレーヤー」を攻める場合、リスクを背負うことになります。

スクラムハーフの「ピック・アンド・ゴー」は通常のディフェンスを相手にしては、必ず捕ってしまうプレーです。ディフェンス陣に、フェイズを重ねポジションを下げさせることで成功につながっています。**バスケットボールやサッカーなど他の競技と同じく、ディフェンスの意識を「収縮させてから拡大」「拡大させてから収縮」と移動させ、翻弄することも重要**です。

フィジカルが圧倒的に強いチームは「プレーヤー」を攻めることを中心にアタックを組み立ててきます。ラグビーではパスをすることは、ボールをスペースへ運ぶことと同時に、ゴールラインから遠ざかることになります。また、選手のスキルによっては、ミスの確率も上がることも考えると、フィジカルを生かして前進することが優先されゴールラインへ一直線にラックサイドのゲインライン突破を狙います。

とくにタッチラインサイド15メートル付近でラックが起こった場合、外側にはフォワードとバックスの合わせて3人をアタック側はポジショニングさせるのが定石です。例えば、そのブラインドサイドにディフェンス側が2人しかいない場合は、アタック側は、先ほどの3人にスクラムハーフを加えると、4対2となり数的優位になります。

また、相手ディフェンスが、同枚数でバックスだけの場合は、ミスマッチを起こし、優位に

ブラインドサイド
セットピースやラック、モールはフィールド中央で起きることは少なく、タッチラインに近いエリアで行われる。すると、左右でフィールドの広さは異なるので、タッチラインに近い狭い方のサイド。

立つことができます。

このように「プレーヤー」を攻め、ゲインラインの突破を図ります。

セットピースからの効果的な戦術

ラインアウト、スクラムは「セットピース」と呼ばれ、ボールの争奪から獲得した際には、「プレーヤー」を攻めることのできるアタックです。相手陣地でのセットピースは、デザインされたものが多く、基本的に3フェイズでトライを取るプレーとなります。

ＪＲＦＵのレポートによると、日本、欧州のリーグの平均で、ラインアウトが起点であるスコアは全体の約49％、スクラムが起点であるスコアは全体の約13％で、２つのセットピースを合わせるとスコアの6割を超えることになります。

スクラムからの3フェイズデザインと、ラインアウトからの3フェイズデザインのコンセプトは、ほぼ同じです。ドライビングモールへの移行という「プレーヤー」を攻めるアタックも、相手陣ゴールライン付近では効果的です。

先ほどのレポートによると、ラインアウトのマイボール獲得率は約85％、スクラムの投入側獲得での攻撃開始は約52％です。つまりフィジカルの強いチームが、**相手陣のゴールライン付近でのペナルティを得た場合は、ラインアウトを選択し、マイボールにしたのち、モールで押しきることが最も確率が高いアタック**となります。

ラインアウトからのアタック

ラインアウト自体も相手ディフェンスとのミスマッチを起こす「プレーヤー」を攻める攻撃です。ラインアウトを得た場合、アタック側は、ラインアウトに参加する人数を決めることができます（最少２人から最多14人まで）。

レシーバーも必要ですし、その後のアタックフェイズを考えると、通常はラインアウトに4人から7人程度が並びます。それに対してディフェンスは同数、もしくは1人減らした人数が並ぶことになります。

現代のラグビーにおいてラインアウトは、1ジャンパー、2リフター（ジャンパーを抱え上げる人）で1ユニットです。7人のラインアウトでは、2ユニットプラス1です。つまりオプションプレーとして、ジャンパーを3人セットできることになります。複雑なサインコールとスローワーとの息を合わせることで、アタック側のラインアウトは高いマイボール獲得率を得ることができます。

最高潮に盛り上がるモール

ボールの確保が優先されるのであれば、スローワーから近いジャンパーへボールを放ること

が有効です。ディフェンス側に予測される可能性も高いですが、スローの精度も高いため、マイボール獲得率はさらに上がるでしょう。

キャッチをしてからのモールは、まさに「プレーヤー」を攻めるアタック、伝統的なラグビーです。近年ではフォワードの体重差を生かしたパワーを重視したドライビングモールというのは決して多くはないですが、中世から続くフットボールのプレーそのものとも言え、観客席が最高潮に盛り上がるシーンとなります。

モールのボールキャリアーにとって重要なことは、前方へ移動を維持させること、勢いを保つこと、サポートプレーヤーがボールを使うことができるように準備することです。モールに参加するプレーヤーはボールをキャリアーから確保するか、もしくはボールを越えてモールの前進を維持させます。次のサポートが来たら、ボールを後方へと渡していきます。最後方のプレーヤーは、ボールを保持しながらモールをドライビングさせ、必要があれば、パスを行います。

ボールを生かし続ける「キープ・ザ・ボール・アライブ」

フィジカル強度の差を突いて「プレーヤー」を攻める場合、結果としてコンタクトプレーが多くなりますが、アタック側のペースでフェイズが続き、ボールポゼッションができていると、ディフェンス側はボールの争奪をつくり出すことができません。アタック側は、プレッシャー

ラインアウトでボールをキャッチした後のボールの動きに注目

をかけることになります。

その場合、ラグビーではチームとして「キープ・ザ・ボール・アライブ（Keep The Ball Alive／ボールを生かし続けろ）」のスキルが問われます。

これは「プレーの原則」の継続を行うために必要な技量で、ゲインラインを破り、優位にゲームを進められている状態です。

この状態では、**アタック側の選手は、ボールを奪われる状態ではないため、両手でボールを自由に動かすことができます。**両手が自由で、ボールを自由に動かすことができれば、「ボールを生かし続けろ！」と言われます。このスキルは「プレーヤー」を攻める場合も、「スペース」を攻める場合も同じように問われます。

ボールを生かす戦術

通常は、ボールキャリアーがコンタクトされタックルを受けた場合、身体を低い位置で安定させ姿勢を維持します。ラックが形成され、ボールの争奪が始まり、獲得した場合、アタックを継続します。そして、争奪に関わったプレーヤーは、できるだけ早く立ち上がりサポートし続けることになります。

「キープ・ザ・ボール・アライブ」とは、そうではなく、ボールを争奪から外すポジティブな考えを続けます。まずは、タックルの衝撃に耐えるためにボールをしっかり保持すること、フットワークを使い、できるだけフロントではなく、サイドでタックルを受けることを目指します。

そしてタックルをされたとしても、前進を継続します。**優位性を保ち地面に倒れると、上半身は自由を保つことができ、両手でボールを自由に使う状況になります。ボールをしっかり握り続けながら、次のプレーが可能なサポートプレーヤーを見つけ、ボールを止めることなく、優位な状況で生かし続けます。**

パスでつなぐオフロード

アタック側の優位性が高い場合、「オフロードパス」を使います。**「オフロードパス」とは、タックルを受け体勢が倒れながらも、片手でもサポートプレーヤーにパスをつなぐプレー**です。ボールキャリアーのフィジカルバランス、タックラーとの技術差などをベースに「プレーヤー」を攻めることになりますが、味方のサポートプレーが最も重要になります。

スローフォワードとなる可能性、相手にインターセプトされるリスクも伴います。ただし、「オフロードパス」はゲインラインの突破、大幅な前進に直結するので、現代ラグビーでは積極的にプレーされます。

スクリーンをかけながらパス

優位性がありながら、オフロードが不可能な場合は、ボールキャリアーはディフェンダー側へドライブし、身体をターンさせディフェンスに背を向けて、バスケットボールのスクリーンプレーのようにボールをディフェンス側から隠し、サポートプレーヤーが見ることができるようにします。**後ろを向いているので、パスは比較的成功しやすく、ディフェンスはボールの出どころがわからないため、プレッシャーをかけられません。**アタック側は、サポートプレーヤー

スローフォワード
プレーヤーが前方にボールを投げる、または、前方へパスすること。罰として相手側のスクラムとなる。故意に行うとペナルティの罰。

インターセプト
相手側のパスを途中でカットし奪うこと。

にボールを渡します。これが「スクリーンパス」です。サポートプレーヤーは、ボールを受け取り、前進します。

「ピック・アンド・ゴー」も、一連の「キープ・ザ・ボール・アライブ」なプレーです。これら「ピック・アンド・ゴー」「オフロードパス」「スクリーンパス」も「プレーヤー」を攻めるアタックの一部ですが、ボールキャリアーよりもサポートプレーヤーの方が、懸命にプレーすることが重要になります。

まずは、ボールキャリアーとコミュニケーションを取りながらプレーすることが必要です。理想的にはボールキャリアーの後方を走り、キャリアーのプレーに反応できるようにしておきます。その上でサポートしていることをボールキャリアーに伝えます。プレーを予測し、「オフロードパス」を受け取る準備はしておきます。

さらに、自らが対峙し、コンタクトが予想されるディフェンダーを外しにいきます。ボールキャッチでも、決して減速することなく、パスを加速しながら走り込むスペースにもらうことが必要になります。さらに自らがボールキャリアーになった場合は、次のサポートプレーヤーのスペースを見つけることも求められます。

「プレーヤー」を攻める場合、個ではなくユニットを組んでアタックします。**そのユニット**

をコントロールするのは、ボールキャリアーであり、ディフェンスの状態を見極めるスキルが求められます。守備陣形の穴やミスマッチがあれば、そこを突くとともにサポートプレーヤーにも情報を伝えます。

第一の目標はゲインラインの突破であり、それを続けることで、次のフェイズ、「スペースを攻める」のか「プレーヤーを攻める」のか判断していきます。

観戦に役立つ!!
こぼれ話
③

ラグビーならではの言葉の使い方

他のスポーツでも同じでしょうが、ラグビーには独特な用語、独特な使い方があります。

「モメンタム」という言葉は私自身、とても好きな言葉です。アメリカンフットボールでも使いますが、「試合の主導権」「試合の流れ、勢い」といった意味です。「モメンタムがある」「モメンタムを失う」といった言い方をします。目に見えないものですが、試合中、両チームの間を行ったり来たりします。

ほかにも「ディシプリン」。日本語で規律のことですが、規則の順守、チームの約束事を守るという意味です。それに「自制心」「忍耐力」といった意味で、感情的なプレーの抑制といった意味合いも含まれているように感じます。

「コリジョン」は、日本語で衝突ですが、「接点」、つまりブレイクダウンなどコンタクトするエリアと、その場所でのプレーという意味も含んでいます。「ディシジョンメイキング」はバスケットボールでも使いますが、状況判断、意思決定のことで、ラグビーの場合、とくにスタンドオフのディシジョンメイキングが重要で、状況を見て、次の最適なプレーを選択します。

「エナジー」はそのまま「エネルギー」のことですが、単に体力だけでなく精神的なエネルギーのことも含まれているようです。まだまだたくさんあり、チームによって、人によって、意味づけが違ったりもします。選手のインタビューの言葉のそんなところにも注目するとおもしろいかもしれません。

第4章

Watching DEFENSE

ディフェンス戦術をひもとく

1 ディフェンスの戦術はどう立てる!?

ラグビーは、攻から守、守から攻のトランジションが頻繁に起こるゲームです。ディフェンスにとって重要なことは、**いかに早く周囲と連携をとり、自らの形で「ディフェンスの原則」を始めるのか、いかに次のポジティブ・トランジションまでのサイクルタイムを縮めるのか、**ということです。

ディフェンスの最終目標は「ボールの再獲得」です。最終的にボールを取り返すためにどのように前進するか、プレッシャーをかけるかが大切にはなりますが、行動自体はとてもシンプル。戦略の構築、チームの意思統一という面では、アタック側よりもうまくゲームを進めることができます。

クラブチームであれば、アタックシステムの成熟には4年かかることは述べましたが、ディフェンスシステムはアタックに比べると、オプションが少ないため、システムへの理解と実行は約1年程度でできると考えます。チームを構築する場合、まず手を付けるのはディフェンスでしょう。

相手アタックのテリトリーと時間を奪う

アタックと同じように「ディフェンスの原則」でも第一に行うことは、「前進」です。そしてチーム全体で「サポート」をし合いながら、アタック側に「プレッシャー」を与えていきます。ラグビーにおいて、ディフェンス側からアタック側に「プレッシャー」を与えるとは、2つの状況があります。

ひとつは、**ボールキャリアーへのタックルなど直接的なディフェンス**で、ボールの争奪を引き起こすこと。そして、もうひとつは、**アタックと同様に、ディフェンスにおいても前進して「スペース」を取りにいくこと**です。

ディフェンスにおいて「スペース」を取るとは、相手アタックのテリトリーと時間を奪うことです。最も理想的なディフェンスは、**タックルなど直接的コンタクトを行わず、ディフェンダーのポジショニング、反応速度、システム構築のスピードで、相手のミスを誘い、ボールの再獲得に成功すること**です。

それが不可能な場合、アタック側の前進を止めなければならないので、直接的なタックルで

相手の前進を止めます。

タックルによるプレッシャーでとても大切なことは、ボールキャリアーを捕まえることではなく、ボールをグラウンディングさせ、前進を阻み、ブレイクダウンを起こし争奪の場をつくることなのです。

ディフェンスのラインは横一列

では、そのディフェンスの考え方を、どのように戦術として具現化するのでしょうか。まず、アタック側のフェイズプレーに対してのディフェンスラインを考えます。ラグビーの場合、サッカーの4―4―2の3ライン、バスケットボールの3―2のような複数のラインをつくるゾーンディフェンスではありません。

他のゴールゲームよりも攻守双方にとって、制約の厳しいオフサイドラインが存在します。そのため、**ボール位置よりも前でのプレーは行えないので、必然的にディフェンスラインは1ライン**になります。**ただし、1ラインですので、ディフェンスラインの後方には、広大なスペースが生まれます。**

通常は、13枚のフロントラインと2枚のバックフィールドディフェンダーで「13―2」ディ

サッカーの4―4―2の3ライン
サッカーにおける一般的なポジショニングシステムの守備ライン。ディフェンダーの4人、ミッドフィルダーの4人、フォワードの2人がそれぞれ1本のラインをつくり、計3本のラインでゾーンディフェンスを行う。

バスケットボールの3―2
バスケットボールで一般的なゾーンディフェンスのシステム。ラインディフェンスではないが前方にシューティングガード、ポイントガード、スモールフォワードの3人、後方にパワーフォワードとセンターの2人を置く。

なるほど!!

13-2 のディフェンス戦術①中央からのアタック対応

O アタック側の視点

まずはラックサイドを狙いたいですが、そうではない場合、密集から数えて7人のマジック7と対峙することになります。アタック側のアタッキングシェイプとの力関係がわかるとフィジカルに当たっていくべきか、攻撃に変化をつけるべきか戦術の変更もありえます。

D ディフェンス側の視点

マジック7の7人が正しく動き、ディフェンスができていれば、ボールを相手に持たれていても問題はありません。数度のアタック側の攻撃で、マジック7の動き、周囲との連携がわかります。ディフェンス後、次のプレーへのサポートのスピードも重要です。

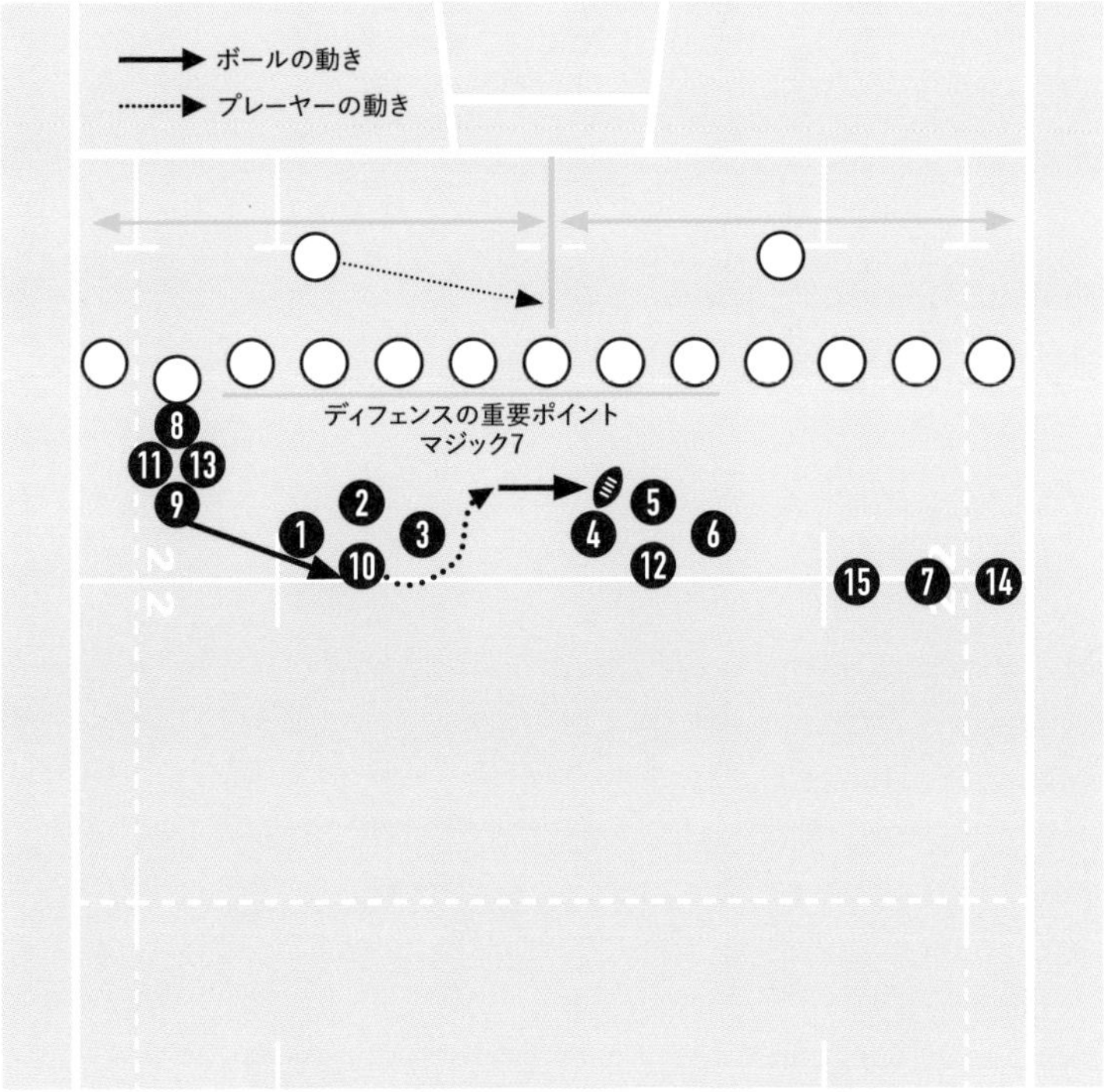

❶ アタック（❶～❽はFW）　◯ ディフェンス

戦術をおもしろく見る ツボ❼

ラック、ラインアウトなどにおいても密集から数えて7人の動きが重要です。どのような状況、布陣であっても、ディフェンスにとってみると7人がどう動くかで守備力は決まります。プレスやタックルだけでなく、倒れてからの立ち上がるスピードも重要です。

フェンスシステム（P109、P111）を形成します。

例えば、15メートルライン付近でラックが起きた場合、セオリーとして15メートルの外側は、相手のアタックの枚数に合わせて、ディフェンスをセットします（通常は3人がセットする）。ラックに2人が参加しており、スクラムハーフがラックサイドを守っているとすると、オープンサイドのディフェンスは、残りの7枚となります。**フォワード5人とバックス2人の、この7枚がディフェンスシステムの「鍵」**となります。

7人が正しいポジションを取り、1オン1のノミネーションを確実に行うことが、ディフェンスにとって非常に重要となります。

なるほど!!

13-2 のディフェンス戦術②サイドからのアタック対応

O アタック側の視点

マジック7のディフェンスを抜け、パススピードを上げ逆サイドまでボールを運ぶことが成功すると、ゲインラインを突破できる可能性があります。マジック7がサポートに回ってきますが、それ以上の攻撃スピードを維持できれば、突破の可能性は高くなります。

D ディフェンス側の視点

逆サイドまでボールが回るまでに、マジック7で阻止したいところです。阻止できないまでもアタックに時間をかけさせることで、フェイズを重ねられても、回り込んでのサポートが可能になります。バックフィールドからもサポートに上がってきます。

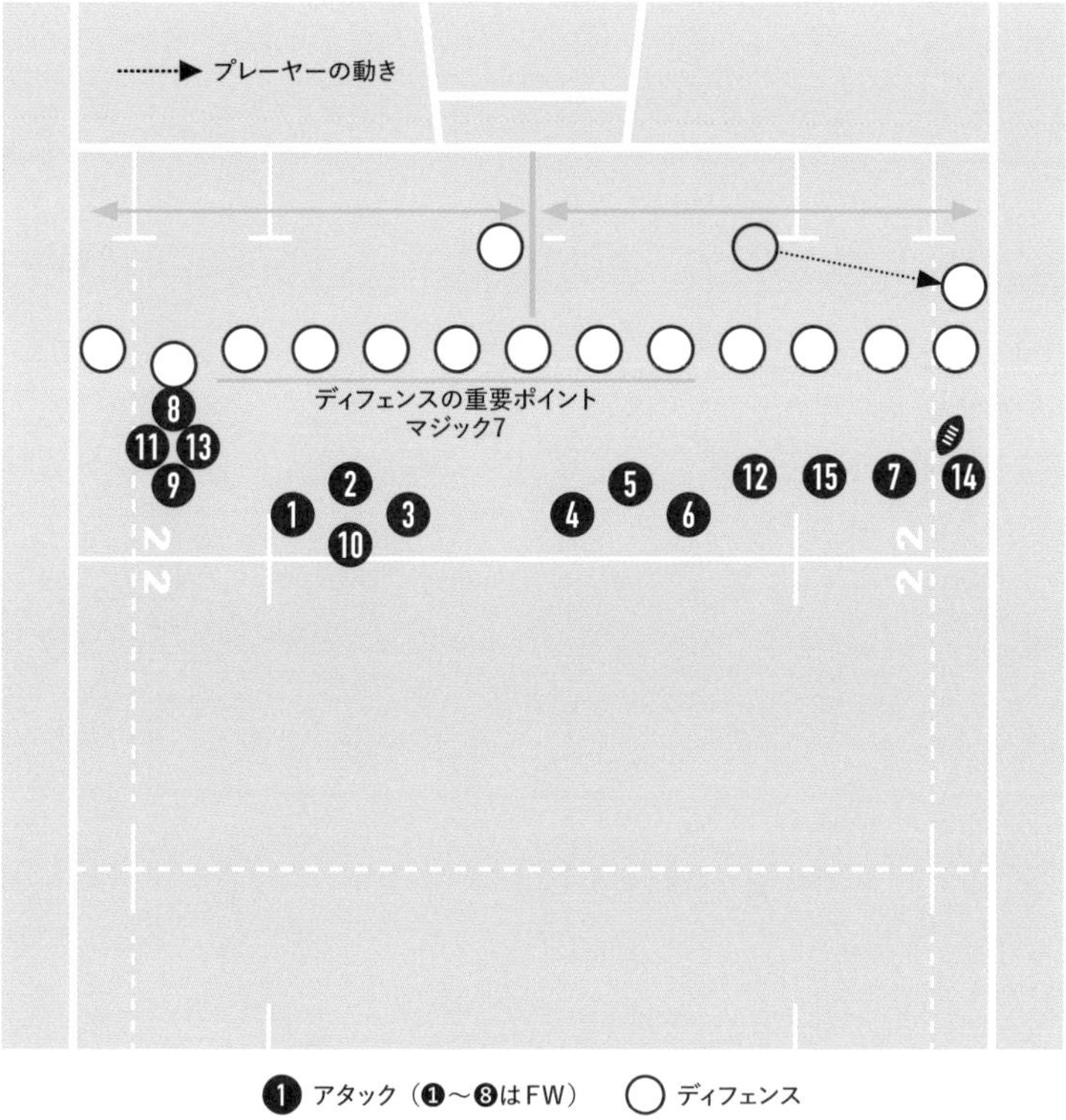

戦術をおもしろく見る ツボ8

ラックなど密集から数えて7人の動きに注目したいところです。このマジック7が機能していれば、ディフェンスは成功していると言えます。逆サイドまでボールが回っても、この7人がどんなサポート、次のディフェンスの動きをしているのかに注目です。

2 ディフェンスを成功させるには

アタック側のキックボールに対して、広大なバックフィールドを守るバックスをディフェンダーとして通常２人置きます。バックフィールドの2枚はフルバックとウインガー、もしくはスタンドオフなどキックの能力に長け、カウンタースピードを持つプレーヤーを配置し、「ペンデュラム（振り子）」と呼ばれるシステムで動きます。

数的不利に対応するペンデュラム（振り子）

「ペンデュラム」（Ｐ１１４、Ｐ１１５）とは、**３人のバックフィールドディフェンダーの動きで、フルバックを中心に両サイドをウインガーが担当**します。相手が攻めているサイドのウインガーは、フロントディフェンスラインのサポートのため、ポジションを上げ、逆サイドのウインガーがポジションを下げ、フルバックとともに2枚でバックフィールドを守るシステムです。

両サイドのウインガーが振り子のように、相手のボール位置によって、ポジションを上下させるので、そう呼ばれます。

ウインガー
バックスのウイングの別称。ラグビーは国によってポジションの呼び方が異なることが多い。

カウンタースピード
ランニングでのカウンターアタックのスピードのこと。

アタック側は、ラックに3枚、加えてスクラムハーフ、15メートルの外側のアタック要員として3枚を要したとしても、フルバックがラインに参加することで、オープンサイドのアタックを8人以上で行うことができます。ディフェンスラインに対し、数的優位のアタックが可能となります。

しかし、ディフェンス側も「ペンデュラム」によってウインガーがラインに参加し、数的不利を打ち消し、アタックフェイズの阻止を狙います。**ディフェンスラインのこの7枚が正しい動きを行えると、ディフェンス側がアタック側に対し優位にゲームを進めることができます。**

タッチライン際でラックが起こり、オープンサイドに十分なアタックスペースがある場合も、基本的には同じディフェンスで対応します。こちらもラックから数えて7人のディフェンスがキーです。もちろん、ショートサイド側も警戒し、オープンサイド側のアタックのスペースを埋めます。

なるほど!!

ディフェンス戦術ペンデュラム（振り子）①基本フォーメーション

O アタック側の視点

バックフィールドは3番目に狙うスペースですが、アタックが成功するとトライに直結するので常に注視します。3人の振り子がスムーズか、蹴り込むキッカーは意識する必要があります。上下動が遅ければそのサイドまで一気にボールを動かすこともあります。

D ディフェンス側の視点

フルバックを中心に、ボール位置によって両ウイングが上下動します。フルバックがコントロールすることになりますが、常にバックフィールドを埋める状況になるように3人の連携度が重要になります。両ウイングも上下動のスピード、タイミングを合わせます。

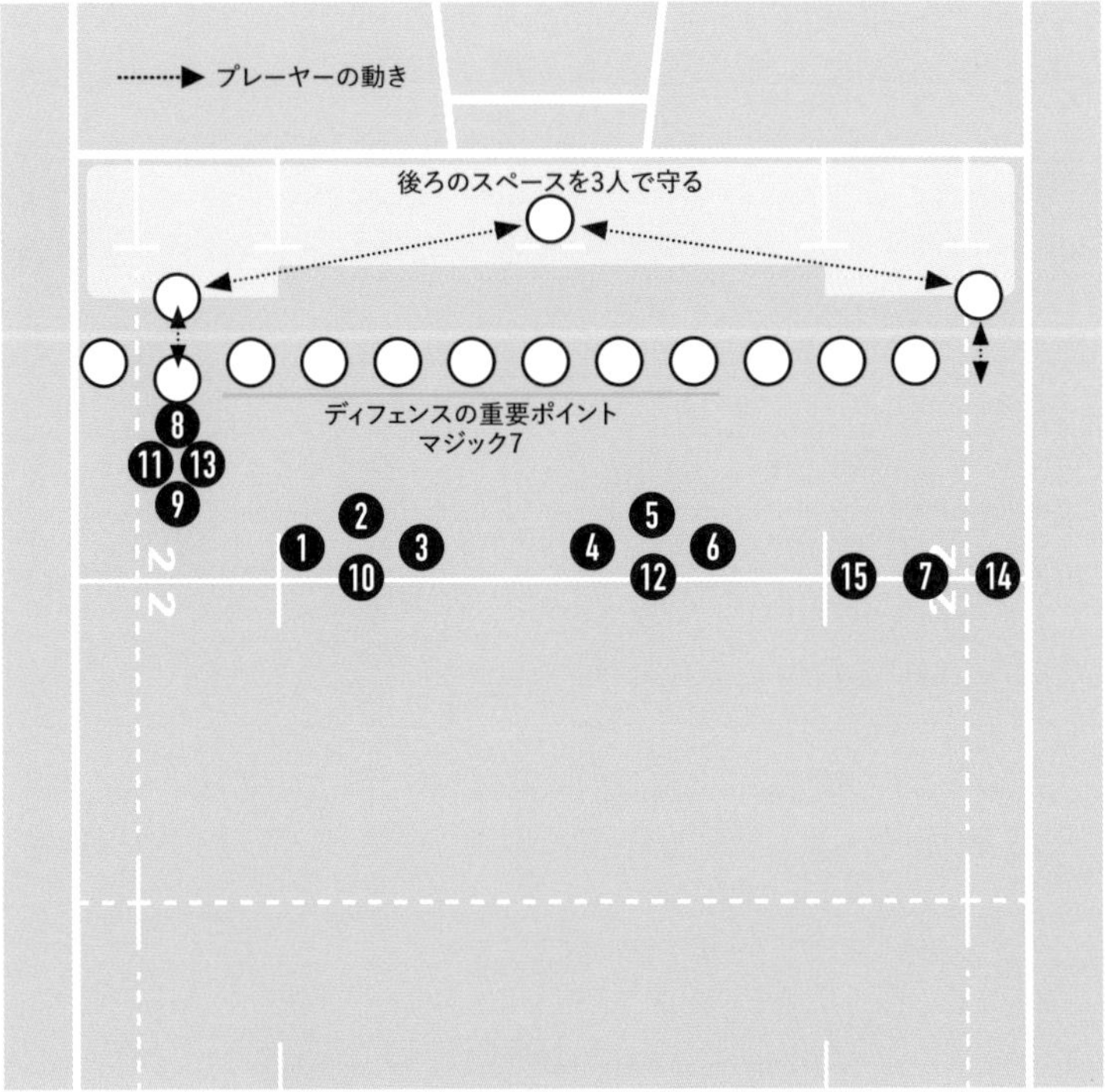

❶ アタック（❶〜❽はFW）　◯ ディフェンス

戦術をおもしろく見る ツボ⑨

プレーヤーが大きく移動するのでわかりやすく、振り子の動きのスムーズさでフルバックの統率力も想像できます。ウインガーが上がらないと数的不利が生じるので、タッチライン際までパスが回った時は要注意です。両ウイングのシンクロした動きにも注目。

なるほど!!

ディフェンス戦術ペンデュラム（振り子）②サイドからのアタック対応

アタック側の視点

アタック側が２番目に重要視している逆サイドのスペースですが、ディフェンス側がペンデュラムでスペースを埋めてきた場合、そのサポートの動きが遅ければ突破のチャンスになります。バックフィールドもスペースが空くとキックのチャンスも生まれます。

ディフェンス側の視点

アタック側のボールの動きに対して、ウインガーは、すばやい上下動が求められます。また3人のバックフィールドの選手の連携も重要です。常にバックフィールドのスペースをカバーしていること、サイドのスペースもカバーしているように見せなくてはなりません。

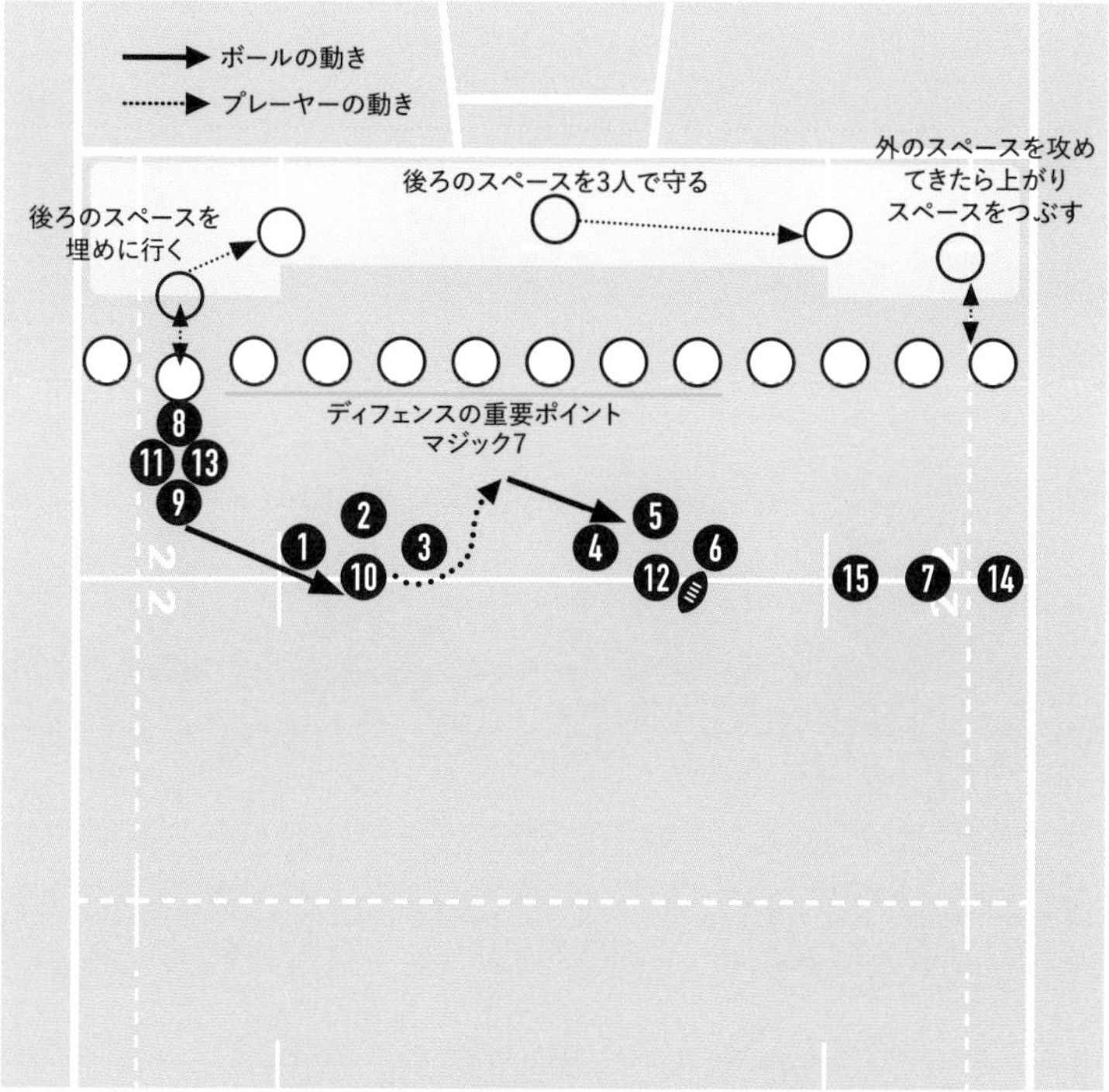

❶ アタック（❶～❽はFW）　○ ディフェンス

戦術をおもしろく見る

ツボ⑩

ボールの動きに集中しがちですが、バックフィールドにも注目です。アタック側のゲームメーカーは、逆サイドのスペース、相手のウインガーのサポート動作だけでなく、バックフィールドの状況も見ています。空いているとキックがあるかもしれないと想像できます。

3 ディフェンスシステムの選択

ラグビーはゲインラインを取り合うスポーツです。**アタック側はゲインラインを取り続ければモメンタム（勢い）をつかむことができますし、ディフェンス側から言うと、いかにゲインラインを割らせないか、**がテーマです。

ミスによってアタック側にゲインラインを割られた時は、周囲のプレーヤーはサポートを行い、ゲインメーターを最少限に食い止めようとします。ミスが起こったときのカバー、サポートをいかに早く行うか、はディフェンスの強さに関わってきます。

ディフェンスは組織で行うため、ディフェンスシステムのポジショニングが重要となります。

浅いラインから一斉にプレス「シャローディフェンス」

基本的なディフェンスシステムである「**シャロー（浅い）ディフェンス**」（**P117、P119**）**は、オフサイドラインから一斉に対面するアタック側のプレーヤーにプレッシャーをかけます。**このディフェンスでは、2パス以内で前進を止めます。パスのインターセプトを狙いアタックが行きづまることで、パスを投げる先を消すことが目標です。アタックフェイズが続いたとしても、2パスでブレイクダウンを起こさせれば、ディフェンスとしては成功です。

ゲインメーター
プレーヤーがボールを持ってゲインラインを越えてプレーした距離。

なるほど!!

ディフェンス戦術①グループで守るシャロー・ディフェンス

アタック側の視点

アタッキング・シェイプの陣形を取ると同時に、ディフェンス側はマンツーマンのノミネーションをしてきます。ディフェンスもグループ化されたユニットでプレスをかけてくるので、スタンドオフらはポジション取りや動きで、ノミネーションを外したいところです。

ディフェンス側の視点

マンツーマンですので、ディフェンスする相手は明確です。ただアタック側がオプションプレーなどで変化をした場合、どうするのか周囲のプレーヤーとの連携が重要です。外側からプレスすること、2パス目へのプレスがキーになります。

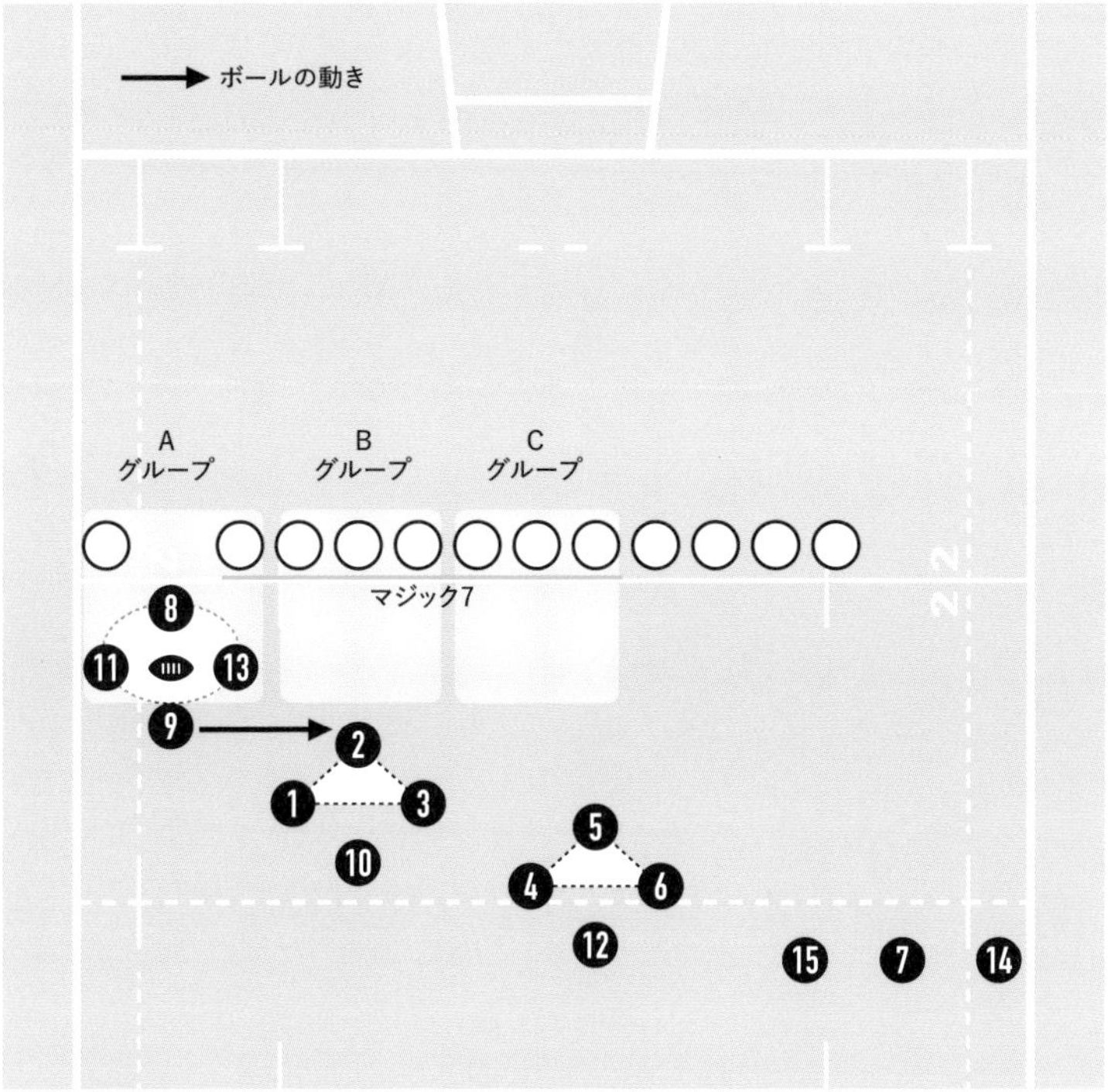

❶ アタック（❶〜❽はFW）　○ ディフェンス　ラック　ユニット

戦術をおもしろく見るツボ⑪

9番からのパスが何本つながるのかが鍵です。アタック側は2、3つ目のユニットの強さでパスをつなげたい。パススピードが必要でオプションプレーも考えられます。ディフェンス側はどれだけプレッシャーをかけられるか、マジック7のグループでの連携度に注目です。

浅いラインのポジションからのスピードの速いハイプレスは、相手の攻撃するスペースと時間を奪います。結果として相手のミスを引き起こし、ボールの再獲得につなげます。それが不可能な場合は、ノミネートをした相手へ1オン1のタックルでブレイクダウンを引き起こし、ボールをグラウンディングさせアタック側の前進を阻み、ボールの争奪の場をつくり出します。

「シャローディフェンス」は、フロントラインのディフェンダーが、相手のアタッキングシェイプのユニットにプレスを行います。マンツーマンで、アタッキング・シェイプを組む対面する相手をノミネートし、プレスをかけていきます。**ディフェンスラインにギャップが生まれると、その穴をアタック側に突かれるので、プレスをかけるフロントラインのディフェンダーはタイミング、スピードを合わせること**が重要です。また、ノミネートするアタッカーに対して外側（アウトサイドショルダー）にポジションを取ります。

その理由は、アタッキング・シェイプは全体に外側へ流れてくるので、ノミネートしたアタッカーへのコンタクトを早めるためと、もうひとつはそのアタッカーから外側へパスをさせないようにするためです。

とくに**「マジック7」と言われる7人がデザインされた通りに、自らの役割をこなすことが**

なるほど!!

ディフェンス戦術②タイミングとスピードを合わせるシャロー・ディフェンス

アタック側の視点

ディフェンス陣はオフサイドラインぎりぎりから一斉にプレスをかけてくるので、それを上回る攻撃スピードが必要です。プレスの面、スピードが合っていないディフェンダーを見つけ攻めたいところです。ディフェンスを外すと、大きなゲインにつながります。

ディフェンス側の視点

オフサイドラインに気をつけながら、ノミネートを行い、一気にプレスします。ボールの外側からプレスに入り、2パス以上、パスを続けさせないようにしたいところです。アタック側に時間をかけさせること、攻撃のスペースを奪うことを目的とします。

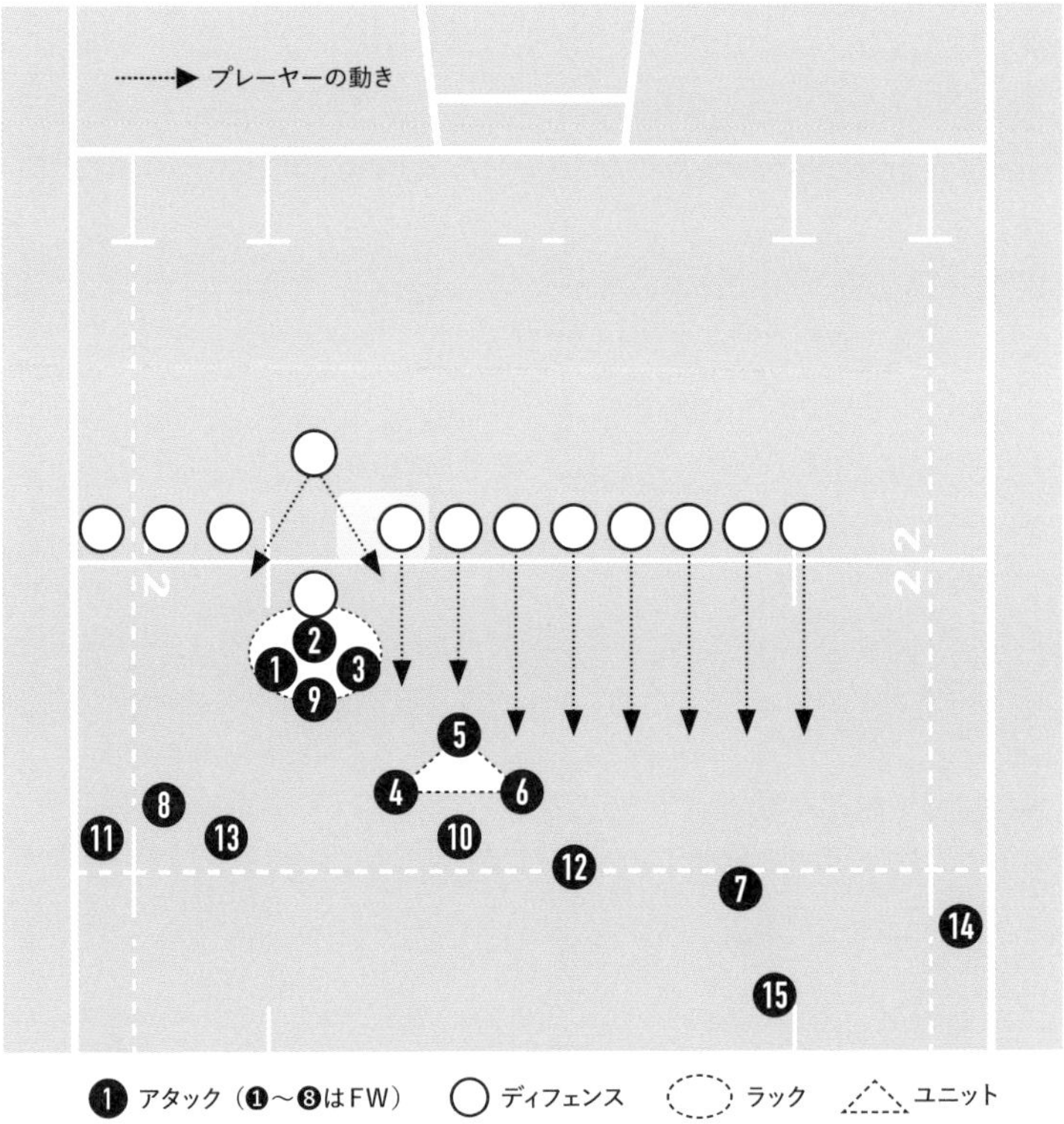

戦術をおもしろく見る **ツボ⑫**

オーソドックスなシステムなので見ることは多いでしょう。浅いディフェンスラインから一斉にディフェンダーが出ていくので迫力があります。ディフェンス側は2パス以内のシャットアウト、外への攻撃の阻止を狙っていることがわかると攻守の駆け引きも見えます。

できれば、アタック側に対し、常に有利な状況を作り出せます。アタック側がパスを2つ以上つなぎ、3つ目のパスに入ったとしても、7枚の外側の選手が、ディフェンスでプレッシャーをかけている間に、マジック7の選手たちは再度、サポートに回ることができ、次のアタックへの対応は可能です。

1人が先にプレスする「アンブレラ・シャロー」

「シャローディフェンス」から派生したディフェンスシステムには「アンブレラ・シャロー」（P121）というものがあります。「シャローディフェンス」ではディフェンダーが一斉にプレスをかけにいきますが、**「アンブレラ・シャロー」は、1人だけが、他のディフェンスラインを気にせずに、プレスをかけます。**

「シャローディフェンス」はノミネートしている相手は決まっており、ボールの動きに対してプレスをスタートします。しかし「アンブレラ・シャロー」では、ボールの動きより先にプレーヤーに対してプレスをかけにいきます。

アンブレラを仕掛ける相手のキーマンにボールが渡らないようにするため、または、キーマンのキャッチングと同時にタックルすることで、争奪の局面を有利にします。「アンブレラ・シャロー」では2パス目のパスを狙うことが多いです。それは、相手のスタンドオフの動きなどか

なるほど!!

ディフェンス戦術③ 2パス目を投げさせないアンブレラ・シャロー

アタック側の視点

アンブレラ・シャローは、ある程度予測がつきます。変化をつけたい2パス目や突破力のあるFWへのパスが狙われます。インターセプトはされたくないですが、アンブレラで狙われるプレーヤーをおとりにして、オプションプレーでゲインラインの突破も図れます。

ディフェンス側の視点

ターゲットとなるアタック側の選手を確実に捕まえたいところです。インターセプトができなくても、キャッチと同時にタックルできれば成功です。逆目への反転も警戒したいところです。アンブレラを仕掛けるプレーヤーも重要ですが、周囲のサポートも必要です。

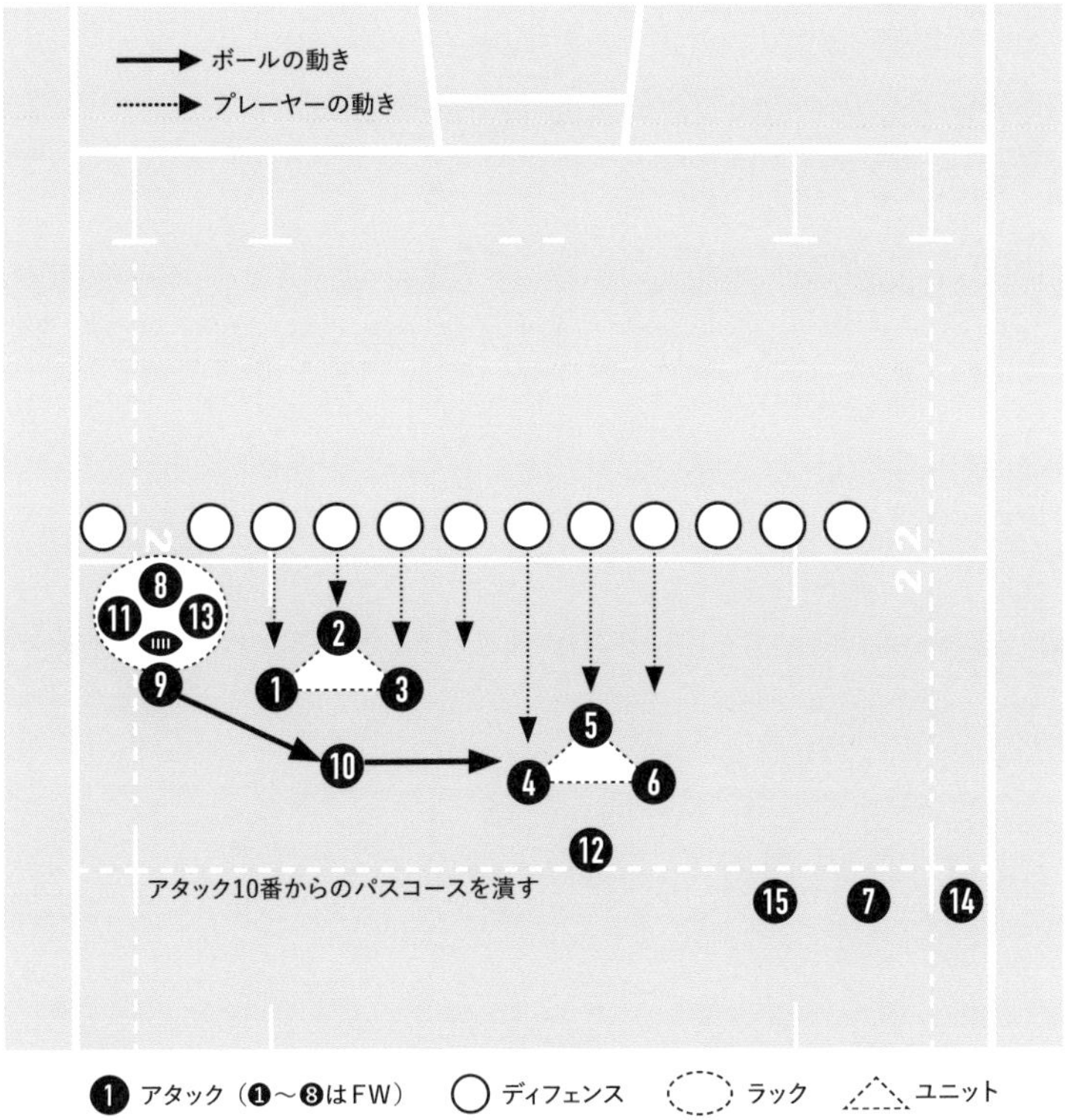

戦術をおもしろく見る ツボ⑬

ディフェンスラインから１人だけ先に飛び出していくので、気づくことは容易です。ディフェンス側が、アタック側のどの選手を警戒しているのかわかります。アンブレラでパスコースが限定される中、スタンドオフがどのような打開策を見せるのかにも注目です。

ら、パスの供給先を予測することが可能だからです。スタンドオフからのアタックの選択幅を狭め、プレッシャーを掛けることができます。

フィールドの外側へ追い込む「アップ・アンド・プッシュ」

もうひとつの基本システムは「アップ・アンド・プッシュ（Up & Push）ディフェンス」です。これは「シャローディフェンス」とは異なり、**アタック側が2パス以上、何度パスを重ねても容認し、ディフェンスを続けます。パスのシャットアウトよりも、相手をフィールドの外側へ追い込んでいくことを第一の目的としています。**

スピードとタイミングのハイプレスではなく、ディフェンスラインの面を揃えてプレスをかけます。相手のアタックに対してラインを上げ（アップ）、その後、３枚のユニットで面をつくり外側へ押し出す（プッシュ）プレスを行います。

ディフェンスラインは組織的に上げてアタック側の突破は阻止しますが、ゲインラインまでは攻撃は許容し、その分、外側へのプッシュにエナジーを使います。

「アップ・アンド・プッシュ・ディフェンス」（P１２３、P１２４）では、ディフェンダー全員がボールの内側からプレスをかけます。ノミネートした相手には、内側（インサイドショ

なるほど!!

ディフェンス戦術④ボールに対してユニットで守るアップ・アンド・プッシュ

アタック側の視点

アップ・アンド・プッシュは、一気にプレスをかけてこないので、陣形を整える時間があります。応対するプレーヤーのボディポジションも観察できます。外側へ流れてしまうとディフェンス側の思うツボなので、ギャップを見つけたらすぐに突きたいところです。

ディフェンス側の視点

ディフェンスユニットの3人の連携を大切にします。ゲインラインを守ることが最優先なので、あまり飛び出し過ぎないことも重要です。身体の向きに注意して、フェイズを重ねられても慌てず、集中力を切らさず、アタックフェイズをシャットアウトします。

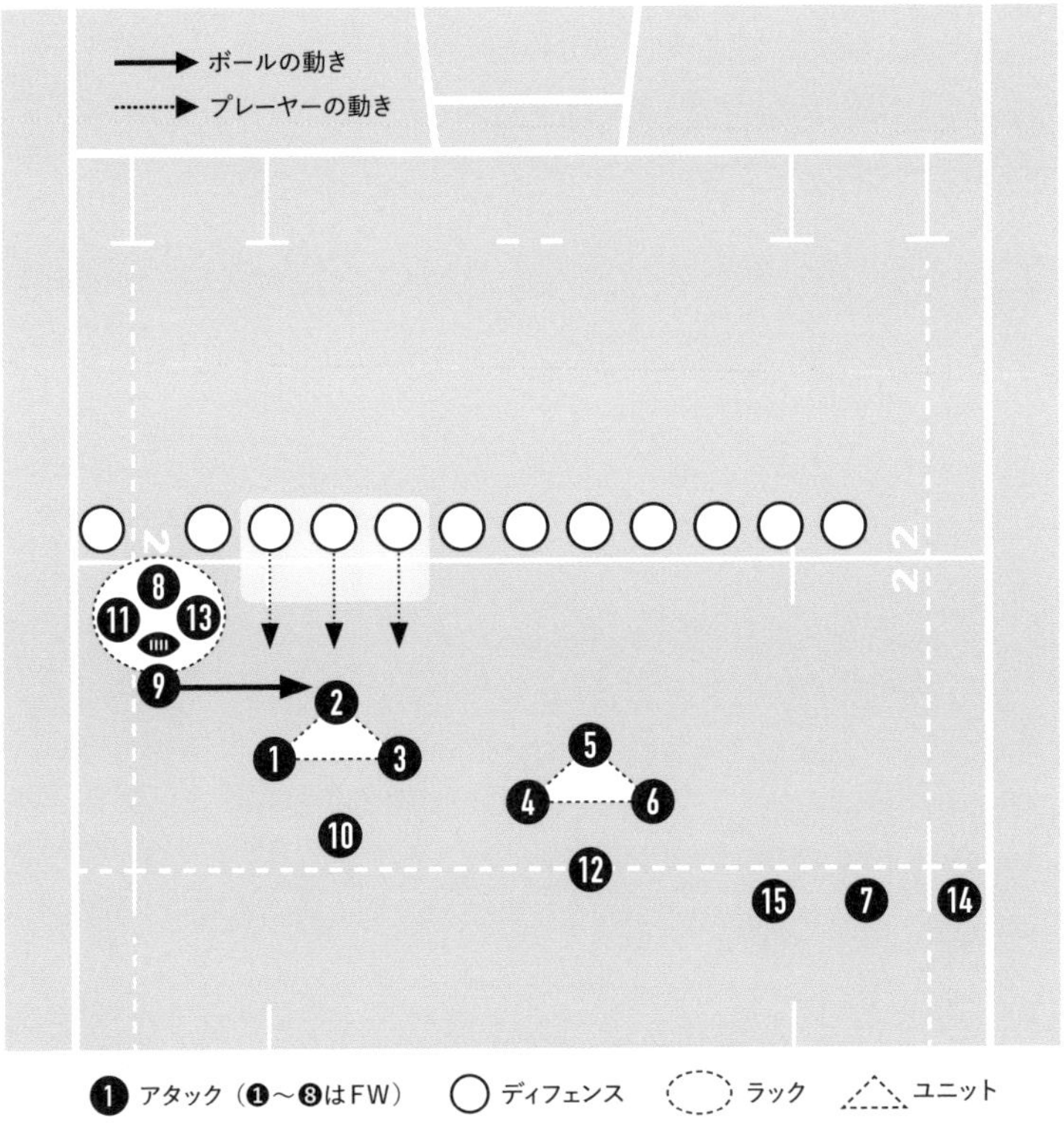

戦術をおもしろく見るツボ⑭

待ち構えるディフェンスにアタック側が突っ込む形になります。ディフェンスは外側へ押し続けることが目標なので、ゲインラインの突破に加えて、どれだけアタック陣が外へ追いやられているのか、逆サイドのアタックとディフェンスのポジションにも注目です。

なるほど!!

ディフェンス戦術⑤外に追い込むアップ・アンド・プッシュ

アタック側の視点

外側へ押し出そうと、ボールの内側へ入ってくるディフェンスに対して、ユニットで攻撃しますが、ディフェンダーの「ウィークショルダー」を探します。相手の3人ユニットのディフェンダーが面を揃えるのは容易ではないため、攻撃のポイントは必ずあります。

ディフェンス側の視点

アタックに対して、3人がユニットとしてギャップをつくらず、面を揃えることが重要です。ボディポジションに注意しながら、内側へ入り、外へと押していきます。相手のゲームメーカーの動き、アタックが逆目に反転することにも警戒が必要です。

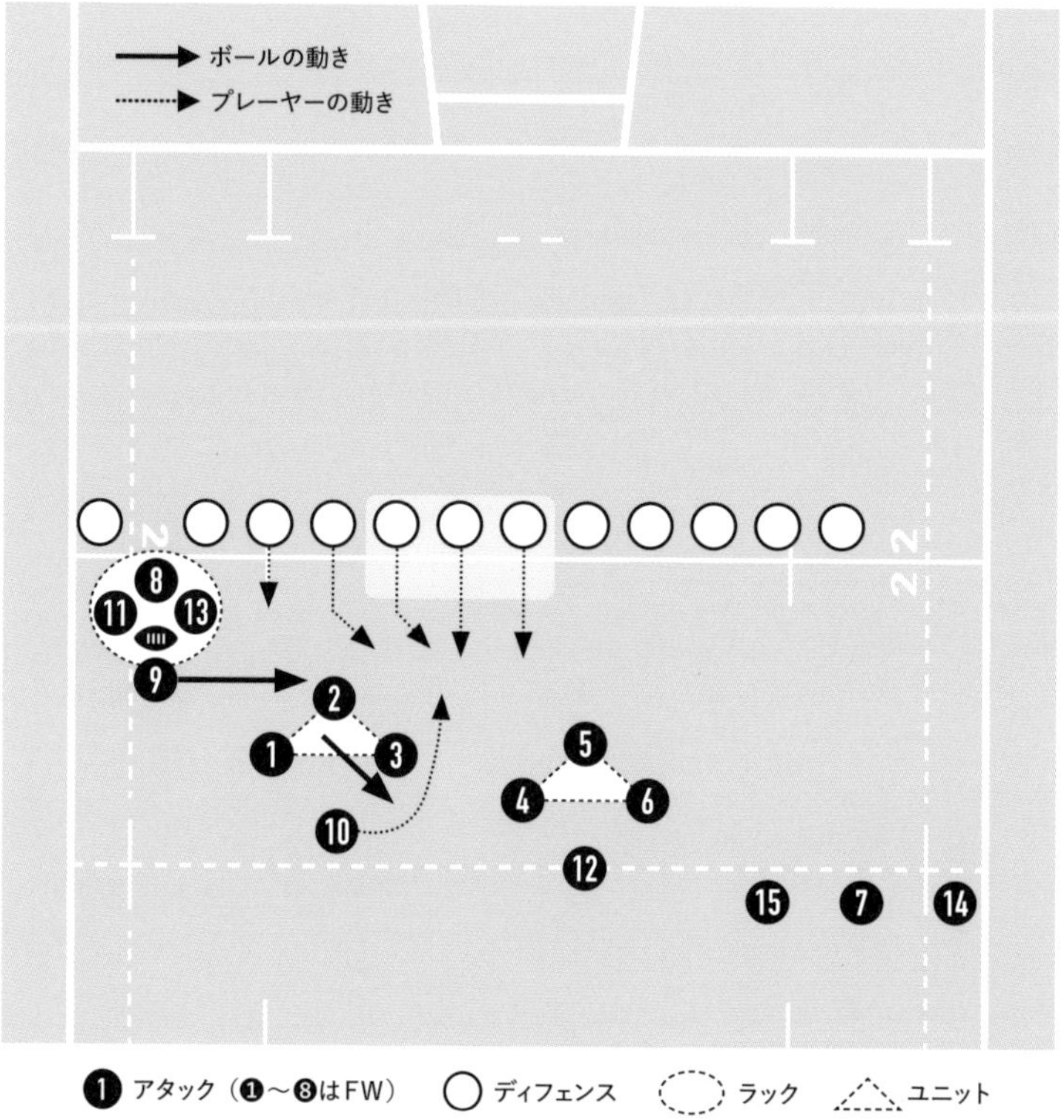

戦術をおもしろく見るツボ⑮

アップ・アンド・プッシュは、ディフェンダーがアタックを待ち構える形になるのでわかりやすいです。外へ押していきたいディフェンス陣と、なんとか内側へ入ってディフェンスのギャップを見つけたいアタック陣の駆け引きは見ものです。個の力量も表れます。

ルダー）からコンタクトし、外側へ押していきます。タックルを正面から行わず、サイドからコンタクトするので、ストッピングパワーは落ちます。その分、３枚のユニットの連携を高めて、外側へとずらしていきます。

ユニットの連携が悪くなると、インサイドショルダーへのコンタクトを狙っているだけに、ギャップは大きくなります。アタック側は「アップ・アンド・プッシュ・ディフェンス」に対して、よく「ウィークショルダーを探せ」と言います。

ボディ・ポジション（身体の方向）が合っていないプレーヤーを探して、そこへアタックを仕掛けろ、という意味です。ですから、このディフェンスでは、ユニットのコミュニケーションが重要です。

現代ラグビーでは「シャローディフェンス」が主流ですが、「シャローディフェンス」はエナジーを使います。トランジションから一気にトライを狙うトランジション・アタックを狙う場合、トランジションラグビーを志向するチームは「シャローディフェンス」を選択します。逆に「アップ・アンド・プッシュ・ディフェンス」を選ぶチームはアタックのためにエナジーを残しておきたいという意図が見えますし、ポゼッションラグビーを志向するチームは「アップ・アンド・プッシュ・ディフェンス」を選ぶ傾向にはあります。

流行は2つをミックスした戦術

現在、流行しているのは「シャローディフェンス」と「アップ・アンド・プッシュ・ディフェンス」をミックスしたシステムです。「アップ・アンド・プッシュ」の3枚ユニットにおいて、中央のユニットだけ、もしくは外側のユニットだけがシャローを行う「ミックスディフェンス」です。相手のウィークシェイプにだけ、シャローでプレッシャーをかけ、エナジーを残しながら効率のよいディフェンスを狙っています。

「シャローディフェンス」と「アップ・アンド・プッシュ・ディフェンス」、どのディフェンスシステムを選ぶかはチーム次第です。通常は、**双方のディフェンスシステムを、フィールドのボールの位置や、時間帯、試合の流れによっても使い分けています。**

「シャローディフェンス」で、基準である2パス以上をアタック側につながれた場合に、ディフェンス側が、「アップ・アンド・プッシュ・ディフェンス」に変えることもあります。

また、ゲーム内で、アンストラクチャーな状況にある場合や、ディフェンスラインの連携が取れていない場合は「アップ・アンド・プッシュ・ディフェンス」を選択します。連携、個々の役割が単純であり、プレーに時間もかけられるので、その間にディフェンスラインのコミュニケーションを取り戻すことができます。

ウィークシェイプ
アタッキングシェイプにおいて、人数や配置によって、周囲より攻撃力が低いシェイプ。

ディフェンスの目的を達成するためのセオリー

どんなディフェンスシステムにおいても絶対的なセオリーはあります。**ひとつはラックの両側には必ずディフェンダーを置くこと。ディフェンスラインの両エッジには必ずバックスが2枚ずつに分かれて入りバランスを保ち、サイドワイドでのミスマッチを起こさせないようにします。**それより外側にいるアタッカーは、必ずペンデュラムでフルバックが見ることになります。

さらに重要なセオリーは、1番から5番の5人のフォワードは常に中央のフィールド、15メートルラインの内側にいることです。ディフェンスに成功しポジティブ・トランジションが起こった場合は「アタックの原則」のサイクルがスタートします。

アンストラクチャーな中でもすばやくアタックを始めるには、ディフェンスラインにおいても5人が中心的役割を担っていくことが重要です。

観戦に役立つ!!
こぼれ話
④

世界に注目!
国際大会の見どころ

「ラグビーワールドカップ2023」で最も話題性があるチームでは、オーストラリアとイングランドではないでしょうか。オーストラリアのHCはエディー・ジョーンズです。ジョーンズは7年間、イングランドのHCを務めていましたが、2022年末に成績不振を理由に解任されました。

しかし、すぐにオーストラリアからオファーを受け就任しています。ジョーンズは、シックスネーションズ優勝、トライネーションズ（現ラグビーチャンピオンシップ）優勝、クラブとしてもスーパーラグビー優勝のタイトルを取っていますが、唯一、ワールドカップのタイトルだけを持っていません。

イングランドの現在のHCはスティーブ・ボーズウィック。ジョーンズの日本代表HC時代にフォワードコーチを務めていました。クラブチームでの成果を評価されたようですが、短期間で代表チームをどうまとめ上げるのか見ものです。

選手の話題性としては、「ラグビーワールドカップ2023」は優秀なスタンドオフが数多く出場しています。アイルランドのジョナサン・セクストン、オーストラリアのクウェイド・クーパー、他にもスコットランド、ウェールズ、イングランドなどが良い選手を揃えています。これだけすばらしい10番が集まる大会も珍しいことだと思います。

第5章

RUGBY is Exciting

攻守。駆け引きのおもしろさ

1 駆け引きはどこで見え隠れする？

ラグビーはボールインプレーが40%程度であるため、サッカーのように連続性のあるプレーでゲームは成り立ってはいません。ボールデットから次のボールデッドまで1分以内のプレーがおよそ8割であり、それを繰り返していくのがラグビーです。

ボールデッドからのゲームの再開は、「セットピース」と呼ばれるプレーで行われます。お互いが準備できた状態でのボールの争奪から始まります。

このセットピースは「キックオフ」「スクラム」「ラインアウト」といったセットプレーのことです。ゲーム中、起きる確率が最も高いのは、ラインアウトです。アタック側はセットピースでは、3フェイズでトライにつなげるプレーをデザインします。再現性の高いプレーは、デザインの重要度が増していきます。

当然、守備側も3フェイズに対するディフェンスを用意し、双方、相手のデザインを見る駆け引きが起こります。

具体的には、**ラインアウトに参加する人数の駆け引き、ボールキャッチの駆け引き、そしてキャッチ後のフェイズプレーの駆け引き**になります。

ラインアウトに参加する人数の駆け引き

ラインアウトに参加する人数に対して、アタックもディフェンスもデザインしたプレーを準備しています。

それぞれに対し数種類のデザインプレーを用意します。このデザインプレーにプラスしてオプションを加えると、かなり複雑なストラテジーになります。

ラインアウトからのアタックを例に取ると（Ｐ１３３）、基本的なデザインプレーは、マイボールを獲得すると、ボールキャッチャーからボールはスクラムハーフに渡ります。スクラムハーフはウイングやセンターを使い、相手ラインアウトのフォワードとバックスによるディフェンスラインの継ぎ目、ラインアウトのサイドのエリアを突いていきます。

そのスペースをディフェンス側が警戒して埋めていたならば、スタンドオフにボールを渡し、逆サイドのウイングまで回していきます。狙いは、ラインアウトのためにフォワードが近いサイドに密集しているために、大きく空いている逆サイドのスペースです。

そのアタックに対しディフェンスラインの出足が早く、相手のフルバックのカバーで逆サイドのスペースを埋めに来たならば、今度はバックフィールドにキックでの攻撃を仕掛けます。

ラインアウトの戦術のセオリー

ラインアウトでは参加人数を多くすると、フォワードが密集するので、アタック側はまずフォワードとバックスの継ぎ目にいかに穴を空けるかを考え、ディフェンス側はまず、フォワードとバックスのディフェンスラインをいかにつなげるかを考えます。

これはラインアウトのみならず、フォワード全員が集まるスクラムからのリスタートの場合も同じです。

このセオリーをベースに、アタックとディフェンスは駆け引きをします。ラインアウトではアタック側がラインアウトに参加する人数を選べ、通常4人から7人が参加します。アタック側がラインアウトの人数を増やすと、ディフェンス側も増やさざるをえません。

アタック側が、7人など多人数でラインアウトを行うと、ディフェンス側も人数を割くので、フィールドのオープンサイドを守るディフェンダーが少ない状況になります。

逆に少ない人数でラインアウトを行うと、ディフェンス側はオープンサイドに人が増え守備は厚くなりますが、ラインアウト周辺の守備は薄くなります。

なるほど!!

ラインアウトからのアタック戦術

アタック側の視点

すばやくSHからBK陣にボールを回します。第一にラインアウトの脇をスピードで突破することを考えますが、不可能であれば逆サイドのスペースを狙います。相手FWがラインアウト付近からサポートに来る前にボールを回したい。プレースピードが鍵になります。

ディフェンス側の視点

相手が狙ってくるラインアウトサイドのスペースをFWとBKの連携を保ち確実に埋めることが必要です。逆サイドにボールを回されても止められるようFW陣はすばやくサポートに走りたいです。バックフィールドの警戒も怠らないようにしたいです。

→ ボールの動き　⋯▶ プレーヤーの動き

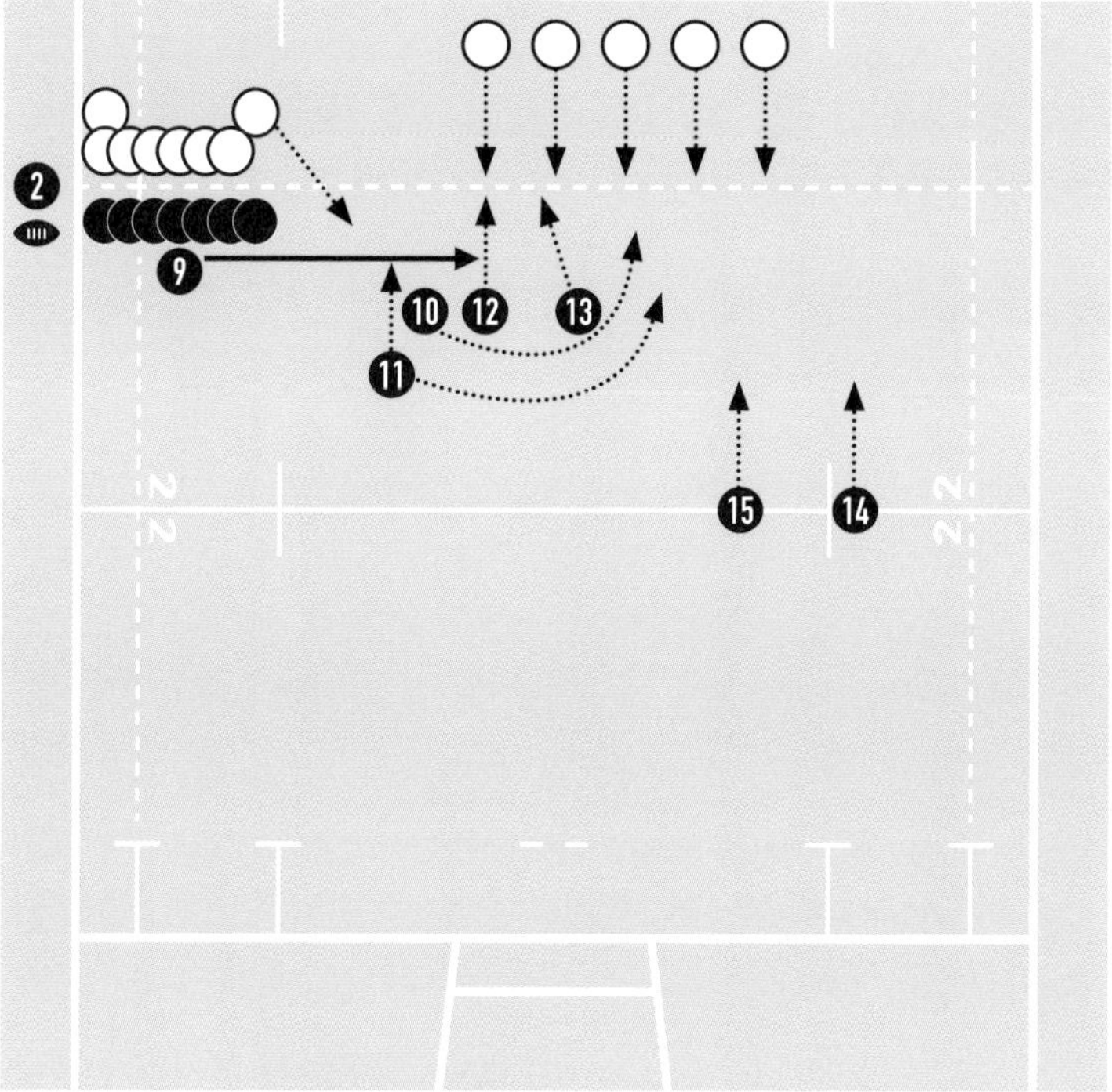

❶ アタック（●はFW）　○ ディフェンス

戦術をおもしろく見る ツボ⑯

基本的な形ですので、両チーム攻守の力関係が見えます。ラインアウトサイドをアタック側が突破できると、ディフェンス側の守備力は高くないとわかります。逆サイドへボールが移動すると、アタック側のパススピード、守備側のサポートスピードも見えてきます。

セットピースの代表的なプレーといえば、ラインアウト

ラインアウトのディフェンス戦術

7人が並ぶラインアウトでは、ディフェンス側はセオリーとして6人が並ぶことになります。ラックサイドと同じく、ラインアウトの両脇にはディフェンダーを置いて、スペースを埋めなくてはなりません。7人がラインアウトに参加してしまうと、フォワードの8人全員が、ラインアウト付近にポジションを取ることになります。

ディフェンス側の2枚はバックフィールドを守っていることを考えると、ディフェンスラインはセットアップの時点で数的不利が生まれています。

また、7人のラインアウトでは、アタッ

ク側は3ジャンパーとなるので、6人で2ジャンパーのディフェンス側に的を絞らせず、マイボールにする確率が上がります。

ラインアウトでは、アタック側がラインの人数を選べるので、ディフェンス側は後手にまわりがちです。しかし、ディフェンス側にも駆け引きをするだけの材料はあります。ラインアウトのディフェンスにおいては、第一にスティール（ボールの獲得）を試みることは当然です。

それが不可能な場合、**アタック側が次の攻撃へ最も移行しづらい場所で、ボールを取らせること、「トップ・クオリティ・ボール（Top Quality Ball / TQB）」を出させない**ことを考えます。

アタック側に罠を仕掛ける「チェンジ・ピクチャー」

ディフェンス側は、セットアップで罠を仕掛けることは可能です。ラインアウトの人数、アタックラインの並びで、アタック側の狙いは推測できます。ディフェンス側は、その狙われているスペースをあえて空けてセットアップします。

しかし、ラインアウトでは、ボールがタッチを切り、チームでサインを交換し、ラインアウトのスローが行われるまで数十秒の時間があります。その間にディフェンスのセットアップを変えて対応します。

これを「チェンジ・ピクチャー」と言います。例えばディフェンス側は、ディフェンスラインの後方、バックフィールドのスペースをあえて空けておき、ラインアウトのセットアップを行います。その後、ボールが投入された瞬間に、ディフェンダーがそのバックフィールドのスペースを埋めるため移動します。一旦、アタック側に思い通りの設計図を描かせておいて、それを、セットアップを変えることで攻撃を阻止します。

アタック側も、その罠を認識しているので、ディフェンスの変化に対して、アタックのオプションを用意しておきますが、あまり複雑なシステムになると、かえってミスが増えることにもつながります。

ラインアウトのボールキャッチの駆け引き

「トップ・クオリティ・ボール」を出させないためにはもうひとつ、ラインアウトでのキャッチの位置をコントロールします。アタック側が3ジャンパーとすると、近いサイドを空けて最もフロントでボールを取らせます。

すると、アタック側はスクラムハーフがタッチラインに近い場所からパスを始めることになり、スタンドオフ、ウイングに回るまでのパスの距離が長くなります。パスの時間がかかることでディフェンスに前進され、パススピードや精度が落ち、アタック側のミスが増えます。

スクラムハーフ、スタンドオフのパス精度は高いですが、一般的に7メートル以上のパスは精度が落ちると言われています。

なるほど!!

ラインアウトからのディフェンス戦術「チェンジ・ピクチャー」

アタック側の視点

相手のバックフィールドに空いた大きなスペースを狙うプレーをセットアップします。しかし罠である可能性も考え、逆サイドを狙うなどのオプションプレーを用意します。ゲームメーカーが状況を判断し、プレーを変更するのであればオーバーコールをします。

ディフェンス側の視点

バックフィールドをわざと空けて、ボールの投入とともにそのスペースを埋めます。ただし埋める動きが早いとアタック側に悟られますし、動きが遅いとギャップができます。タイミングとチームの連携が重要です。アタック側のオプションプレーにも要警戒です。

………▶ プレーヤーの動き

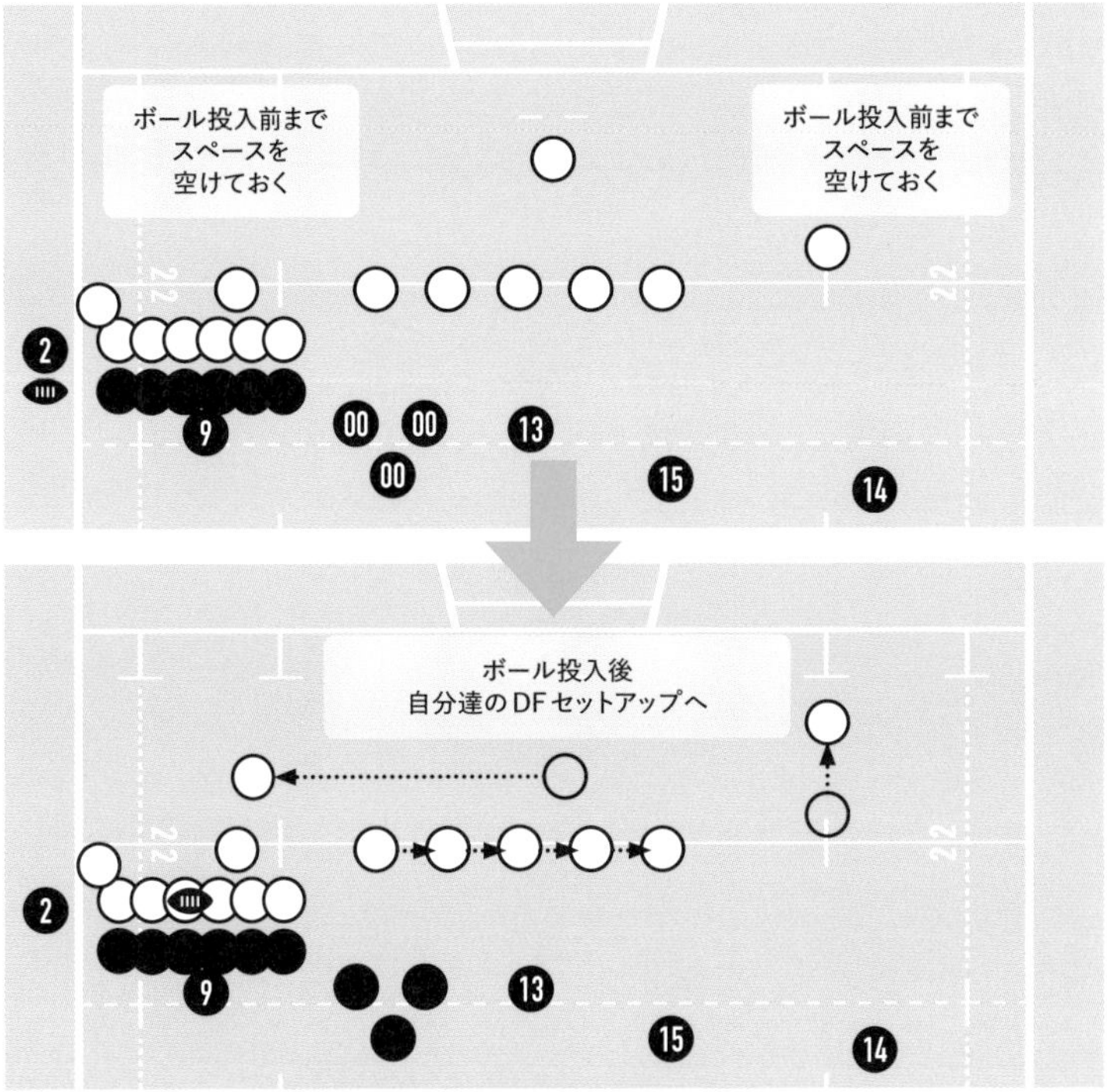

● アタック（●はFW）　○ ディフェンス

戦術を
おもしろく見る
ツボ⑰

ラインアウトだけでなくセットピースで、ディフェンスにとって重要であるスペースが空いていたら、不注意かもしれませんが、罠の可能性もあります。そのまま攻めるのか、攻めるスペースを変えるのか、アタック側の判断力、プレーに注目です。

ボールの移動、つまりアタックに時間がかかることになり、ディフェンスが対応する時間をつくれます。逆にアタック側は、デザインされたベストアタックをするため、ベストなキャッチ位置を考え、その後、すばやくスクラムハーフ、スタンドオフへとボールを回したいところです。

7人以外のラインアウトでも、それぞれにストラテジーが変わってきます。**6人のラインアウト（P139）では、アタック側は、アタッキングシェイプにフォワードを1人入れることで、より攻撃に多様性が生まれ、スペースへのアタックが容易になります。**

ただし、ディフェンス側もラインアウトに同数の6人を並べることができます。ボールキャッチにおいて2ジャンパー同士の争いになり、ジャンパーの質によってはスティールの可能性が上がりますし、どこへ投げてくるかの推測が容易になります。もっと少数、5人、4人のラインアウトを選ぶこともあります。

人数が少なくても2ジャンパーは可能で（1人がリフターもジャンパーもこなす）、加えて動くスペースができるので、ジャンパーとリフターのユニットが移動しながらキャッチするようなサインプレーが行えます。フォワードに高さのないチームは、こういった少数のスピードを生かしたラインアウトなどで対抗します。

なるほど!!

6人のラインアウトによるアタック戦術

O アタック側の視点

6人のラインアウトだと、FWを使ったアタッキング・シェイプで最初の攻撃ができるので定石通り相手ディフェンスのFWとBKの継ぎ目を狙います。止められたとしてもラックの両サイドにアタックできるスペースが生まれ、攻撃のバリエーションが増えます。

D ディフェンス側の視点

ラインアウトサイドに、ディフェンス側も2人のFWがいるので、アタック側の最初のフェイズは確実に止めたいところです。アタック側はデザイン通りフェイズを仕掛けてきます。ブラインドサイドの警戒と、先を見越したサポートプレーが重要になってきます。

→ ボールの動き ┈▶ プレーヤーの動き

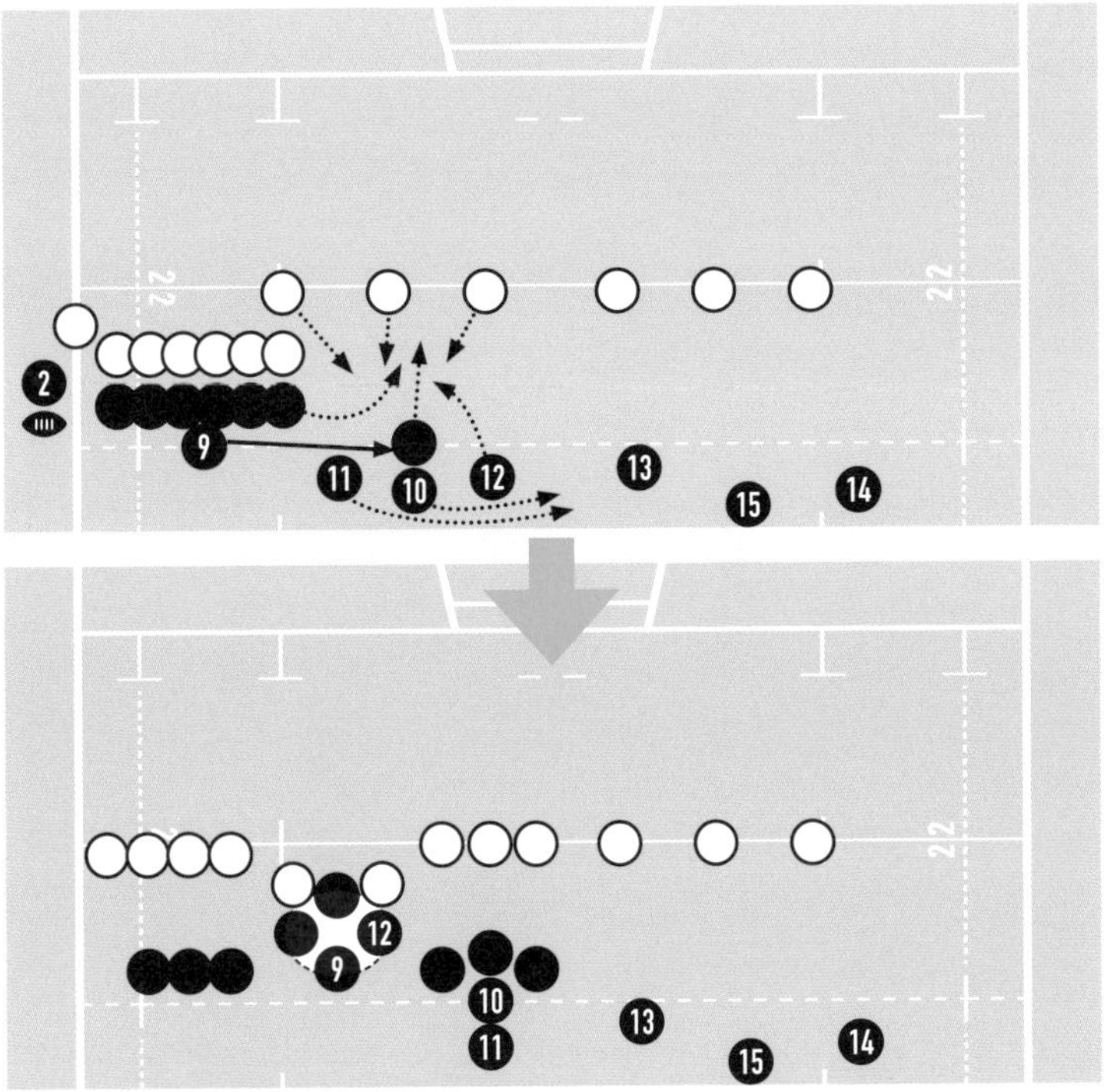

❶ アタック（●はFW） ○ ディフェンス ◌ ラック

戦術をおもしろく見る ツボ⑱

6人のラインアウトだとほぼ2ジャンパー。どちらで捕るか、最初のフェイズをどう攻めるか注目です。定石通りラインアウトサイドを攻めラックになるとその後の攻撃が多様化するので、フェイズをどうデザインしているのかアタック側の戦術がわかります。

トライの6割以上は、ラインアウト、スクラムのセットピースからです。**とくにラインアウトは、世界的にも1試合平均14回起きます。1分のプレーを積み重ねていくゲームでは、この14回のリスタートをいかにデザインし、思い通りにコントロールしてボールを運べるか、は非常に重要**です。**逆にディフェンスとしても14回のアタックにどう対応するか、アイディアが問われるところ**です。

2 キックオフとキックプレーの駆け引き

ラグビーの中で駆け引きが最も難しいプレーは、実はキックオフです。キックオフからスコアにつながるシーンは多くはありませんが、攻守とも状況に応じた戦術を選ばないと、コンテストに負けて薄いディフェンスを突かれる状況や、逆にロングカウンターを食らうなど、ワンプレーで形勢が変わってしまう可能性を秘めています。

ゲームでは最少でも必ず2回はキックオフが行われます。キックオフはデザインをすることが最も難しいセットピースと言えるでしょう。

前進のロングおよび争奪のショートキック

キック側は、まずテリトリーを取るのか、コンテストボールでボールの争奪を行うのか、決める必要があります。キックオフはタッチラインに近いエリアへ蹴るのがセオリーですが、テリトリーを取るのであれば、ロングボールをキックします。

ボールを自らキャッチして前進を狙うのであれば、自軍のプレーヤーが走っていきキャッチできる、もしくはボールの争奪を行える場所へ、ショートキックでコンテストボールを蹴ります。

ロングカウンター
長い距離を走るカウンター。ラグビーでは通常、相手に蹴られたロングボールをキャッチした場合、よく行われる。

ロングボールを蹴った場合、キックと同時に上がっていく自軍のディフェンスラインが相手陣の奥深くで、ボールキャリアを捕まえることができれば、テリトリーを取ることは成功。相手ボールになったとしても、プレーを有利なポジションから始められます。

しかし、キックオフボールを相手の足の速いバックスがキャッチし、スピードでディフェンスの網を抜けられてしまうと、ゲインメーターを稼がれ、ロングカウンターを受けて、一気に不利になる可能性があります。

逆に、**ショートキックオフを選択する場合、キックの精度が高く、フォワードがボールの争奪に勝ち、キャッチできればボールを前進させられるので成功。**しかし、キャッチできず、ボールを渡してしまった場合、相手のアタックはハーフウェイラインに近いエリアから始まるので、大きなリスクを負うことになります。

キックオフのレシーブ時の対応

レシーブ側のプレーも容易ではありません。**キックオフボールを蹴ってくるエリアは想定できます。ロングキックオフに備えて、通常はバックスをフィールドに広く配置し、キャッチからのカウンターを狙います。**

実は駆け引きが難しいキックプレー

ショートキックオフに備えては、ラインアウトと同じように、フォワードの３人１ユニットで、リフトを行い、キャッチを試みることができます。しかし、左右どちらのサイドにキックしてくるのかはわからないので、左右にフォワードの１ユニット３人ずつ、15メートルの外側に配置することになります。

また、中央のエリア、ハーフウェイラインに近い場所にも、人を置いておく必要があります。キックオフで短い距離のキックを蹴り、アタック側がそのボールをピックアップして運んでしまう、トリックプレーを仕掛けられます。

チームによって様々ですが、全体のポジショニングを見渡すと、フォワードがタッチラインに近い左右サイドに分かれ、バックスはお互いに距離が遠い位置にいます。キックオフはボールが向かってくるので、キャッチ側は有利です。

しかし、このフォワード、バックスのポジショニングでは、万が一、キックオフ側がボールを手にした場合、ボールの近くでプレーできる選手が少ないので、かなり薄いディフェンスシステムとなってしまいます。

ですからキックオフに対してレシーブ側は、**左右どちらに蹴るのかわかった時点で、ボールの来ないサイドのプレーヤーは逆サイドへとサポートプレーに走ります。**また、ロングボールをバックスがキャッチした場合、基本的には前述したキックラックレートに従って、アタックに入りますが、相手ディフェンスのギャップを見つけた場合などは、ランニングでカウンターを仕掛けます。

時間帯や点差でポゼッションしたい場合も、キックオフボールを蹴り返すのではなく、ランニングオプションを選ぶこともあります。

最後のオプション「ドロップゴール」とは

ラグビーには、「トライ」「コンバージョン」「ペナルティゴール」のほかに、「ドロップゴール」という得点を取る方法があります。ペナルティゴールと同じ3点、ペナルティを受けなく

ランニングオプション
決められたプレーではなく、状況判断の上、選択したオプションのランニングプレーのこと。

てもオープンプレー中は、いつでも蹴ることが可能ですが、ドロップゴールを狙うシーンは多くはありません。

ドロップゴールは特別なプレーで、最後のオプションとして使われます。また、よく見るのは、ペナルティのアドバンテージをもらいプレーが流れる場面です。その後のペナルティの選択でペナルティキックをするつもりであれば、ドロップゴールを狙うことで3点を獲得するチャンスを2度得ることになります。

「プレーの原則」を考えると、ボールの「前進」を「継続」し「プレッシャー」を与えたのちに「得点」がありますが、**ドロップゴールは「プレッシャー」をかけていなくても、蹴って得点を取ることが可能**です。つまり、ドロップゴールは「プレーの原則」から外れていると言えるかもしれません。

ドロップゴールを戦術として取り入れることがほとんどないことや、ゲームの序盤から狙うプレーヤーがいないこと、積極的に蹴ることがあまり容認されない雰囲気の理由はそこにあるでしょう。

ただし、試合の終了間際、3点以内の得点差で負けているチーム、精度の高いドロップキックを持っているキッカーがいるチームには、選択すべき重要なプレーのひとつです。ワールドカップのような大一番で接戦になった場合、試合を決めるプレーになることがよくあります。

3 駆け引きが左右する時間の使い方とメンバーチェンジ

ラグビーは、前後半各40分、80分のゲームです。**戦術を考える場合、時間帯というのは考慮すべき大きな要素になります。戦術的には80分を4つに分け、20分×4のゲームであると考えます**（Ｐ１４８表１）。

最も重要なのは最初の20分です。15人対15人でのゲームで進む確率が高いため自分たちがどんなプレーをして、どのように得点を取っていくのか、対戦相手の得意なプレーは何か、弱点はどこか、それに対してどう対応するのかなど、最初の20分は、考えたストラテジー、それを落とし込んだデザインプレーが全面に出てきます。

当然、相手側も同じように考えているので、戦術のぶつかり合いになります。また、体力的、精神的にも充実しており、プレーの精度も高くなります。

ボールインプレーが約40％ですので、20分でも実際には、8分程度のアタックとディフェンスになりますが、まず得点で上回っていることが前提となります。そして戦術、デザインしたプレーがうまく機能しているのか、セットピースの成功率、ボールポゼッションの割合、テリトリーの支配率（自陣、相手陣でのプレー時間の比率）、キックラックレートなどのスタッツ

スタッツ
パス、タックル、キックなどのプレーの回数、成功率などのデータ。チームや選手の成績や傾向がわかる。

で確認します。

そのスタッツで想定より良い部分と悪い部分を分析し、次の20分で修正します。ただしプレー中ですので、チームからはあまり細かく指示は出せません。アタッキング・シェイプで、効果的に攻めていけているのはどのユニットか、フィールドポジションが劣勢であれば、キックを多用しろ、などを伝えます。

究極的には、最初の20分でストラテジー、デザインプレーがうまくいき、試合をリードしていれば、準備してきた方法論と実践が正しかったということになります。

後半の40分の傾向と動き

15分間のハーフタイムには、前半の20分x2の修正点を伝えます。前半、得点で上回っているのであれば、次の20分、相手に点を取られてゲームを動かされたくはないので、ボールポゼッションに重きをおきます。負けているのであれば、後半の立ち上がりで得点をしたいので、テリトリーを取ることを優先させます。

そして最後の20分は、ゲームクロージングへ向かい、ゲームをコントロールしていきます。勝っているのであれば、残り3分までの試合の終わらせ方をイメージします。3分というのは、

	前半40分	後半40分
① 20分	どのように得点を取っていくのか、対戦相手の得意なプレーは何か、弱点はどこか、それに対してどう対応するのか。戦術・マインドセットのぶつかり合い	前半、勝っていれば、相手に点を取られたくはないので、ボールポゼッションに重きをおく。負けていれば、後半の立ち上がりで得点をしたいのでテリトリーを取ることを優先
② 20分	戦術、デザインしたプレーがうまく機能しているのか、セットピースの成功率、ボールポゼッションの割合、テリトリーの支配率などスタッツで分析して修正	ゲームクロージングをイメージ。勝っていれば、残り3分までの試合の終わらせ方をイメージする。残り3分の時点でボールを保持できているように、時間やテリトリーを見てプレーを考える

表１　**タイムマネジメントの例**

経験則としてチームがボールを保持し続けられる最大の時間です。トランジションが頻繁に起こるラグビーでは、ボールを持ち続けてはいられないので、残り3分の時点でボールを保持できているように、時間やテリトリーを見てプレーを考えます。

ペナルティをもらった場合、次のプレー再開まで60秒の時間が与えられるので、それをどう使うか、試合の最終盤には個々のプレーヤーのタイムマネジメントも重要になります。

オーストラリア、ニュージーランドはゲームクロージングの時間の使い方がうまいですが、ヨーロッパの各国は、無駄に時間を使わず、最後までラグビーを続けるチームが多い印象があります。

メンバーチェンジで変化を生み出す

現状のルールではプレーヤーの交代は最大8人です。約半数、交代選手を入れることができますが、基本的にはフォワード5人、バックス3人です。ラグビーのポジションは専門性が高いので、ユーティリティプレーヤーはあまりおらず、フォワードのフロントローは必ず3人の交代要員が必要です。交代したフロントローがけがなどでプレーが続けられない場合は、アンコンテストスクラムになる可能性もあります。

交代は、勝敗、点数差などゲームの状況だけでなく、試合の流れ、モメンタムも関係してきます。交代要員は、**サブスティテューション、ゲームチェンジャー、フィニッシャーの3つ**（P150表2）に分けられます。

サブスティテューションは、**プレーの能力や力量が変わらない選手同士の交代者**のことを言います。スターターにエナジーがなくなったので、能力値は変わらないがフレッシュな選手と交代させます。

ゲームチェンジャーは、**負けているような状況で、試合の流れを変えることのできる選手**のことです。高いランニング能力を持っているプレーヤーや、ジャッカルが得意なフォワードな

アンコンテストスクラム
ボールの争奪や押すことなく、投入側のチームがボールを保持するスクラム。どちらかのチームが訓練されたフロントローを出すことができなくなった場合など、レフリーが指示しスクラムがアンコンテストとなる。

① サブスティテューション	プレーの能力や力量が変わらない選手同士の交替
② ゲームチェンジャー	**負けているような状況で、試合の流れを変えることのできるプレーヤー。一発のスーパープレーでモメンタムを引き寄せる能力を持つプレーヤー**
③ フィニッシャー	試合をリードしている状況で、残り20分、落ち着いてゲームクロージングをできる経験値の高いプレーヤー

表2　**交代要員の役割**

ど、一発のスーパープレーでモメンタムを引き寄せる能力を持つプレーヤーを入れます。

最後はフィニッシャー。試合をリードしている状況で、残り20分、モメンタムを取られないように、**落ち着いてゲームクロージングをできる経験値の高い選手**などを交代で入れます。

進化する戦術の中でおもしろさを見つける

第5章では「プレーの原則」をもとに、アタック、ディフェンスを駆け引きという形で述べてきました。

ラグビーというスポーツは、歴史は長いのですが、IRFB（現ワールドラグビー）が国際化、拡大化を目指し、初めての世界

ワールドラグビー
World Rugby ラグビーユニオン（他にも13人制のラグビーリーグがある）の国際競技連盟。元々はスコットランド、アイルランド、ウェールズの3カ国が1886年にInternational Rugby Football Boardとして設立。

的な大会となるワールドカップが開かれたのが１９８７年。アマチュアリズムを撤廃し、オープン化（プロフェッショナル化）となったのが、１９９５年です。つまり、国際的なスポーツという意味では、それほど歴史は長くなく、１９３０年からワールドカップを行っているサッカーに比べると、50年以上遅いことになります。

現在のように4年に一度のラグビー・ワールドカップを頂点として、積極的にテストマッチが組まれるようになったのは、この30年あまりです。**各々の国が、伝統や民族性、持ちうる体格などをベースに、自国のラグビーを作り上げ、真剣勝負を日々行わないと、新たな哲学、スタイルは生まれてきません。**

ラグビーワールドカップで勝ち上がるにはどうしたらいいのか、ニュージーランド、イングランドを倒すにはどんな方策があるのか、それらを考えることによって、ようやく戦略、戦術が編み出されると言えます。

日本のラグビーは、19世紀の終わりに、イングランドからラグビーが伝えられ、大学を中核に普及しました。１９８０年代には空前のラグビーブームが起こり、人気のスポーツとなりましたが、注目が集まったのは関東の大学ラグビーが中心であり、積極的なテストマッチ、海外遠征といった段階まで進みませんでした。戦術としても、大学ごとに特色はありましたが、フィジカル、個々の力に頼ったプレーからは脱却できませんでした。

その後、ブームは去り、プロ化も国際化の流れから遅れたことで、世界のラグビーの変化、戦術の組織化、構造化がなかなか伝わってきませんでした。**ラグビーが単なる身体のぶつけ合いではなく、戦略、戦術の上で全員が組織的な動きをするスポーツということが、一般にも伝わり始めたのは、エディー・ジョーンズ氏が日本代表ヘッドコーチに就任した頃からではないでしょうか。**

ジョーンズ氏は「ボール・ポゼッション」や「シェイプ」などの戦術用語とともに、ゲームに対する戦術データの重要性も口にしていました。

ということは、ラグビーの戦術が、皆さんのようなラグビーファンに伝わるようになってから、まだ10年あまりだと言えます。現に、ここまで説明してきた戦術の言葉が確立されてきたのは最近ですし、同じ現象を異なる戦術として捉えることもあります。

サッカーのように世界的な共通認識となっているとは言えない部分もあります。しかし、ルールも競技の安全性、興行性のために大きく変化する中で、ラグビーの戦略、戦術は日々刻々と進化しています。そこに変化していくラグビーという競技のおもしろさがあるとも言えるでしょう。

観戦に役立つ!!
こぼれ話
5

ヘッドコーチは試合中、どう動く!?

ラグビーでは、ヘッドコーチは試合中にフィールド脇のチームベンチに入ることができません。代わりにスタンドに陣取ることになります。ヘッドコーチや各部門のコーチ、アナリストも固まってコーチボックスに座っています。もし、ラグビーを観戦する機会があれば、コーチボックスの近くに座るのもおもしろいと思います。

現代のラグビーでは、ゲームをリアルタイムでアナリストがプレーをデータ化し、分析しています。その分析結果からコーチ陣が戦術変更などを議論し、最終的にヘッドコーチが判断して、無線でベンチにいるウォーターボーイ（選手に水を運ぶ人）に指示を伝えます。ウォーターボーイはプレーの切れ間に、選手にヘッドコーチの指示を伝達します。ヘッドコーチの指示がすべてのように聞こえるかもしれませんが、最終的にはフィールドで情報を受け取るキャプテンが判断していきます。

第5章で述べたように、ゲームを20分で区切って考えているので、20分を過ぎたあたりからコーチは忙しくなってきます。ゲームがヒートアップすると、コーチも熱くなってくるので、大声になり、近くの席だと指示内容が聞こえることもあります。

ヘッドコーチがどうしたいのか、ということがわかりますし、ピンチと思っても、コーチ陣が落ち着いているのが見えると、何か秘策があるのかも、と推測もできます。また、違った観戦の楽しみ方ができると思います。

おわりに

「日本では、１９８０年代にはサッカーよりラグビーの方が断然、人気のあるスポーツだった。サッカーの日本リーグに観客が2千人も入らない時代、ラグビーの早明戦には、旧国立競技場を6万5千人ものファンが埋め尽くした」という昔話をよく聞きました。

40年ほど経った今では、サッカーにはプロフェッショナルリーグであるJリーグができ、各地方には、中核となるサッカークラブが生まれました。ユースやジュニアを育成するシステムも整備され、サッカーをしなくても、観戦を楽しむファン、サポーターは数十倍、数百倍に増えたという事実があります。その間、ラグビーが何もしてこなかったとは思いませんが、同じルーツを持つサッカーに遅れをとったことは確かではないでしょうか。

サッカーのようにプレーの連続性や、得点が少ないがためのゴールに対する爆発的歓喜は、ラグビーには少ないかもしれませんが、様々な能力を持つプレーヤーがひとつのミッションに向かって突き進む一体感、局面で攻守がどんどん入れ替わるスペクタクル性には、サッカー以上の魅力があると思います。

日本では、ラグビーワールドカップを開催し、「ジャパンラグビー リーグワン」という新たなリーグができましたが、そのラグビーの魅力を、我々はまだ十分に伝えきれていないのではないかと思っています。

世界的に見ても、イギリスやニュージーランド、オーストラリアをはじめとする伝統国以外への普及、真の意味での国際化はまだまだなのかもしれません。また、頻繁に行われるルール改正も含め、プロ化したことにより、ラグビーという競技は、見るスポーツとしての興行性、娯楽性を高めている過渡期にあるとも言えます。日本もその世界の流れに遅れを取ってはいけないと思います。

現在「ジャパンラグビー リーグワン」には、世界各国の代表クラスの選手が加わり、海外のトップクラスの指導者もチームのコーチを務めています。戦略、戦術においても世界の潮流から大きく遅れているわけではありません。しかし、それらをファンの方々にまで理解されているかは、判断が難しいところです。ただ、トップクラスのテクニックやイデオロギーにこだわるあまり、ラグビーの原理原則を忘れしまいがちではないか、とは感じています。

私は「三重ホンダヒート」というチームを2年間率い、２０２２–23シーズンにはチームは「ジャパンラグビー リーグワン」のディビジョン２からディビジョン１へと昇格しました。１年目は入替戦まで進みながら、勝ち点1差で敗れ涙をのみました。2年目は入替戦を2戦2勝。試合は僅差ながら念願の昇格を果たしました。

この2年間、常にラグビーを考え続け、様々なスタイルを試行錯誤してきました。トレーニングからゲームまで、指導の技法から戦略戦術までを考える中で、行き着いた先は、ラグビーの原理原則でした。本書で述べている「プレーの原則」から逸脱せず、シンプルな戦術を立てることが最も重要だと考えるようになりました。

早く試合がしたいというワクワク感しかなかった

本書では、基本的なラグビーの戦術について述べましたが、実際のゲームでは、もっと詳細に、フェイズひとつひとつ、各々の選手のプレーひとつひとつ、すべてを考えています。しかし、ラグビーは予測外の出来事が数多く起こり、デザイン通りにプレーは進みません。ただ、想定通りに進まなくても「プレーの原則」から外れていなければ、まったく問題ありません。練習で磨いたテクニックを出すことが必要でも、ヘッドコーチの戦術通りにプレーをすることが必要でもありません。原則に従ってプレーをすればいいだけのことです。

2年目の入替戦を迎えるにあたって、その考え方、指針が選手全員に伝わり、チームを構築できたという自信はありました。ですからヘッドコーチとしての昇格へのプレッシャーはまったく感じず、早く試合がしたいというワクワク感しかありませんでした。

目標を達成できたことは、選手のパフォーマンス、頑張りのおかげだと思います。それとともに、ストレングス&コンディショニングコーチの奥野純平と秦野洋輔、ディフェンスコーチのショーン・トレビー、アナリストの山口真澄らとやってきたことが、チームの戦術としてフィールド上で形になりました。このことにヘッドコーチとしての充実感を得ています。

「プレーの原則」の根幹は、ラグビーというゲームはボールの争奪ということであり、そこには身体のコンタクトが許されています。ラグビーの魅力のひとつではありますが、現代において、これだけ激しく相手に身体をぶつけることをルールで認めているスポーツは、数多くはありません。勇猛さを表す中世の伝統が残っているという良い言い方もできますが、スポーツとしての粗暴性がいまだ残っているとも言えます。

ですから、ラグビーというスポーツが成り立つためには、規律、自制、相互の信頼が全プレーヤーに必要です。そして相手の選手、ゲームに参加するすべての人を尊重することが大切です。これらは「プレーの原則」の前提となる原則です。他の競技も同じかもしれませんが、ラグビーにおけるこの原則の重要性は、かなり大きなものであることも覚えておいてほしいと思います。

本書を読み、ゲームを観戦することで、ラグビーの新たな魅力を発見してもらえることができるのであれば、たいへん嬉しく思います。

上田泰平（三重ホンダヒート　元ヘッドコーチ）

PROFILE

TAIHEI UEDA

監修者

上田泰平（うえだ・たいへい）

現役時代はバックスプレーヤーとして活躍し、中村学園三陽高校、福岡大学を経て、2004年トップウエストA（当時）のホンダヒートに加入。ラグビーワールドカップ2011の日本代表に選ばれる。日本代表キャップ6。7人制日本代表としてもプレーした。2013年に現役引退後は指導者の道へ進み、2016年から同チームのアシスタントコーチを務める。2021年のジャパンラグビーリーグワン発足に伴い三重ホンダヒートと改名したチームのヘッドコーチに就任し、2023年5月まで指導。2022-23シーズンはDIVISION 2に所属していた同チームをDIVISION 1昇格に導き、リーグワン優秀ヘッドコーチ賞を受賞した。情報収集力と探求心、分析力、戦術眼には定評がある。1982年生まれ、福岡県出身。